中公新書 2831

清水 洋著

イノベーションの科学

創造する人・破壊される人

中央公論新社刊

はじめに

イノベーションとは、経済的な価値を生み出す新しいモノゴトを指します。創造的破壊（Creative Destruction）とも言われ、企業の競争力や経済成長の源泉になります。私たちの生活を豊かにしてくれるものでもあります。

創造的破壊と言うわけですから、古いモノゴトを、新しいモノゴトが創造的に破壊します。古いモノゴトがより良い新しいモノゴトへ置き換わるからこそ、生産性が高まるのです。

そしてそこには、創造する人がいると同時に、破壊される人もいます。新しいモノゴトが、古いモノゴトのためにスキルを身につけてきた人たちのスキルを破壊するのです。

＊

1816年11月21日、イギリス・ノッティンガムのジェームズ・トウルの葬儀に3000人を超える人が参列しました。関係者以外の人の参列は禁じられていたにもかかわらずです。トウルは、4人の子どもと妻を持つ36歳の編み物職人でした。葬儀への参列が禁じられていたのは、彼が機械の打ち壊し運動のリーダーだったからでした。彼は有罪判決を受け、前日に死刑となっていたのです。

当時のイギリスは産業革命が進展し、布の仕上げや綿手織りのプロセスで機械化が進んでいました。機械化によって自分たちの仕事が奪われることを恐れた熟練工たちは、集団で工場の機械を破壊する運動を起こしました。ラッダイト運動と呼ばれるものです。トウルの葬儀に多くの人が参列したのは、自分たちの生活が壊されてしまう不安と、それに立ち向かった彼への強い共感があったからでしょう。

一方で、機械を打ち壊された側の人々もいます。機械を発明していた人には教育水準が高かったり、裕福な家に生まれた人もいましたが、多くは、床屋や大工、あるいは手織り機の見習いとして働く普通の人でした。なぜ、彼・彼女たちは、機械を発明したのでしょう。

当時のイギリスは賃金が国際的にも最も高い水準で、人件費が高騰していました。その要因は需要の拡大に対する労働力不足です。1348年から49年のペストにより多くの人が死亡しました。16世紀中頃から人口は増加し始めましたが、労働需要の伸びに比べると供給は少なく、17世紀や18世紀になっても高賃金は続いていました。

繊維産業では、安価な労働力を武器に輸出を伸ばすインドとの厳しい競争もありました。それゆえ機械の創造は、生産工程を省人化して工場の競争力を向上させる、ひいては自分の暮らしを変える希望だったのです。最終的に打ち壊し運動は政府に鎮圧され、工場の機械化が進みました。この創造的破壊によって、それまでヨーロッパでも辺境の田舎だったイギリスは世界の工場になったのです。イギリスの人口は増え、寿命は延び、生活水準も大きく向上しました。この恩恵は広く社会に広がりました。

＊

このエピソードは、本書のテーマをよく表しています。イノベーションには必ず、創造と破壊の二つの側面があります。そして、創造する人と破壊される人は、それぞれ別なのです。

創造する人は、もっと良いやり方があるはずだと考え、どんどん変革しようとします。その人たちにとって創造は希望です。しかし、それは他の誰かのスキルや、生活の基盤を破壊します。つまり、ある人の希望が、他の人の安定的な暮らしを壊してしまう側面があるのです。破壊される人は抵抗します。その抵抗や破壊されるスキルの保護が強いと、創造的破壊は広く導入されません。

もしかしたら、創造的破壊などない方が良いと考える方もいるかもしれません。しかし、それは経済成長の源泉であり、その恩恵は広く社会に行き渡って我々の生活を豊かにしてくれます。何より、創造的破壊は、資本主義のメカニズムとしてそもそも埋め込まれています。人々を創造的破壊へと駆動するインセンティブが内包されていますから、止めようと思っても止められないのです。

創造する人も、破壊される人も、同じ社会に暮らしています。当然のことながら、創造する人を増やし、破壊されて苦しむ人を少なくし、お互いが包摂された社会をつくることが大切です。そのために、私たちはイノベーションにはどのような特徴があるのか、どのような人が創造しやすいのか、そして、破壊される人はどのような人なのかを考えなければなりません。

これらが分からないと、誰をどのように応援すれば良いのかも分かりません。この理解があるからこそ、どうすれば破壊される側を抵抗勢力にすることなく、創造的破壊を促進できるのか、対策を適切に講じることができるはずです。

これまで、イノベーションの創造の側面は繰り返し強調されてきました。一方で、破壊の側面はきちんと考えられてきたとは言えません。破壊の影響（例えば、産業の衰退や賃金の低下、失業対策）などについては、政府の政策担当者が考えるべきことであり、ビジネスパーソンは創造の側面だけを考えていれば良いと捉えられているのかもしれません。あるいは、イノベーションの大切さを説くには、破壊の側面はやや都合が悪い点もあるからかもしれません。ただ、創造と破壊は共起します。だからこそ、本書ではこれらを一緒に考えていきましょう。

イノベーションにおける創造と破壊を「人」の観点から見ていくことで、より上手く、より効果的にイノベーションと付き合っていけるはずです。創造するにはどうすれば良いのか、破壊されないためには何をすべきなのか、そして、包摂的な社会をつくるには何がカギとなるのかを考えていきましょう。これが本書のテーマです。

せっかちな方、忙しい方、あるいは今、立ち読みしているため時間がない方（できればこのままレジに急いで向かってほしいですが）のために、最初に本書のポイントを三つにまとめておきましょう。

1　創造する人と破壊される人は、それぞれ特徴がある

新しいモノゴトを創造する人は、若く、新参者で、内的動機づけが高いという特徴を持っています。

自分にはこのような特徴がないと落ち込む方がいるかもしれませんが、諦めないでください。このタイプの人が創造するのは、新しい知識や情報のアクセスが重要な役割を担うからです。同じところで同じことをしていては、新しいモノゴトは創造されにくくなりますが、意識的に新しいところ（できれば、自分が好きと思えるところ）に身を置くことで状況を変えることができます。

破壊が起こるのは、特定のスキルを新しいモノゴトに置き換えることがビジネス・チャンスになる領域です。一方、そこでは、在職年数が長い人や高齢の方など、その領域でスキルを蓄積してきた方が破壊されやすくなります。また、時間割引率が高い人（典型的には夏休みの宿題を後回しにしがちな人です）はキャリアを変えたり、次の仕事を見つけたりすることが難しく、破壊から立ち直りにくい傾向があります。

2　創造の恩恵は浸透に長い時間がかかり、破壊のダメージは短期間に局所的に出る

創造的破壊の直接的な利益は、一時的にそれを生み出した企業家に向かいます。しかし、より大きな恩恵は、長い時間をかけて社会全体へと浸透していきます。

一方で、破壊のダメージは短期間に局所的に強く出ます。イノベーションが社会に浸透する過程で、経済的な格差が一時的に大きくなるのもこのせいです。また、イノベーションの恩恵は人々に実感されにくい一方で、破壊のコストは特定の人々に短期的に集中するため深刻な実感を伴います。それゆえ、破壊される人は職を失うかもしれず、大きな声でその変化に反対します。コストが特定の人に集中すればするほど、その人たちの抵抗は強くなります。そのため、イノベーションが達成される前にはどうしても抵抗運動が現れやすくなります。

3　リスク・シェアの仕組みをアップデートする

創造する人を増やしながら、破壊される人のダメージを少なくしていくためには、リスク・シェアのアップデートが重要です。リスクとは、望ましくないできごとが将来に起こりうる可能性です。イノベーションについては、それを生みだそうとして失敗するリスクと、イノベーションにより破壊されてしまうリスクという二つのリスクがあります。これらのリスクをシェアする仕組みが大切です。

リスクのシェアがなければ、新しいモノゴトを創造しようとする人は少なくなります。新

規性の高いものへの挑戦は失敗する可能性が高いからです。同時に、リスクのシェアは破壊される人にとっても大切です。自分の生活を成り立たせている基盤を分散的にしてリスクの共有ができれば、安定性が増すからです。これまでは国や企業がリスク・シェアの中心的な役割を担ってきましたが、その機能が弱まり、個人がそのリスクを負うようになってきています。本書では、このアップデートのあり方を考えていきます。

現在、多くのイノベーションがアメリカから生まれています。スタートアップ企業が次々と生まれ、画期的な製品やサービスを展開しています。日本も低迷する経済を復活させるべく、アメリカと同じような制度を整えようとしています。確かに、ベストプラクティスに学び、取り入れることができる点があれば、模倣すれば良いでしょう。ただし、表面的に制度をなぞったとしても成果は上がらず、政策的に「やった感」を醸し出す以外の効果は期待できません。例えば、アメリカでは世界で最も巨額な国防費が、イノベーションを下支えしています。日本にはこれがありません。歴史的な経緯からもこの方向に舵《かじ》を切ることはできませんし、するべきではありません。さらに、アメリカの社会をよく見てみれば、イノベーションは起きやすいものの、スキルを破壊された人々の立ち直りが難しく、人々の苦しみが大きくなっています。

目指すべきモデルがどこかに存在していて、それを探し当てるのではなく、どのような社会をつくりたいのかを考えて、社会の制度を発明していくことが大切です。本書はこの一助になればという思いで書かれています。
イノベーションの研究はおよそ100年前から徐々に始まり、1980年代から本格的に進展しています。これまでに積み重ねられた知見と最新の議論に基づき（つまり、巨人の肩の上にのって）創造的破壊の未来を考えていきましょう。どのようにしたら、私たちは創造的破壊ともっと上手くつきあえるのでしょうか。

本書では、人名の敬称を略しています。所属組織は論文や書籍が出版された当時のものです。

目次——イノベーションの科学

第1章　イノベーションとは何か

イノベーションについての研究はおよそ100年前から始まりました。その頃は、良く分からないことだらけでした。イノベーションにはどのような特徴があるのか、誰がどのようなタイミングで生み出すのか、そして、どのような影響をもたらすのかなど良く分かっていませんでした。優れた発明家やカリスマ性のある企業家が（なぜだか分からないけれど突如）現れて、イノベーションを生み出して、去っていくと長らく考えられてきました。

しかし、1980年代中頃から実証的な研究が蓄積されてきて、イノベーションにさまざまな経験的な規則性（簡単に言えば、パターン）が発見されるようになったのです。

イノベーションは、それまでのパターンを新しくするものだから、そこにパターンがあるのはおかしいのではと思う方もいらっしゃるでしょう。確かに、イノベーションの事例を見てみると、そこには固有の文脈やたくさんの偶然で溢れています。しかし、事例をたくさん集めてみると、そこに規則性が見られるのです。これは、交通事故と同じです。それぞれの事故を見ると、偶然が積み重なって起こっているように見えます。しかし、多くの事故を集めてみると、時間帯や天候、場所などで事故の発生頻度が大きく違うことが分かります。

これまでにさまざまな規則性が発見されてきたのですが、ここでは、本書のテーマである創造と破壊に関係が深いイノベーションの基本的なポイントを三つ考えていきましょう[1]。

1　「創造的破壊」としてのイノベーション

イノベーションとは、「経済的な価値をもたらす新しいモノゴト」です。ここには二つの要素があります。経済的な価値を生み出すという点と、新しいという点です。この二つがそろうとイノベーションとなります。

経済的な価値から考えていきましょう。経済的な価値を生み出していなければ、いくら新しくてもイノベーションとは言えません。世の中では、新しい製品やサービスは毎日多く生み出されています。しかし、その中で実際に経済的な価値を生み出すものはごくわずかです。ほとんどが経済的な価値を生み出せずに、終わっていきます。

一つ例を出しましょう。企業が研究開発を行い、そこで上手く特許化できる成果が出れば、戦略的な理由がない場合は、特許をとるでしょう。技術的な進歩性などがなければ、特許はとれません。ということは、特許を取得した技術は、技術的に新しさが認められていると言えます。しかしながら、特許の中で実際に経済的な価値を生み出せているのは、ごくわずかです。技術的な新しさがあったとしても、それが経済的な価値を生み出すとは限らないのです。

経済的な価値を生み出していたとしても、新しくないモノゴトもあります。例えば、昔ながらのやり方を忠実に守ることで経済的な価値を生み出す伝統産業もあります。伝統を守ることは悪いことではありません。ただ、わたしたちはそれをイノベーションとは呼びません。あるいは、政府によって参入が規制されている業界の利益率は一般的に高くなります。経済的な価値が生み出されているわけです。しかし、それはその業界の企業がイノベーティブだったからというよりも、参入障壁が高く、新規参入の脅威が少ないので、利益率が高くなっているのです。

新しいモノゴトが経済的な価値を生み出すと、イノベーションとなります。ということは、考えないといけないのは、新しさと経済的な価値についてです。

「新しさ」とは

新しさから考えましょう。新しいと言えば、まず思い浮かぶのは、どのくらい新しければ、イノベーションなのかという問いです。1年前ならまだ新しいでしょうか。5年前だともう古いでしょうか。

1年前、あるいは5年前というのは、時間の経過です。イノベーションの新しさは、時間の経過とは関係ありません。どれだけ最近に生み出されたかは関係ないのです。

イノベーションの新しさとは、新規性です。つまり、つい昨日、発売になった新製品や新サービスは確かに時間の経過という面では新しいのですが、これまでの製品やサービスと同じようなものであれば新規性の面では新しくはありません。

新規性は高いものから、低いものまであります。どのくらい新規性が高ければ、イノベーションと呼べるのでしょうか。前述のように、イノベーションの研究はおよそ100年前から始まりました。そのきっかけは、経済学者のジョセフ・シュンペーターが1912年に発表した『経済発展の理論』でした。シュンペーターは、モノゴトの新しい組み合わせを新結合（New Combinations）と名づけ、イノベーションの経済成長における重要性を強調したのです。

まず、シュンペーターは経済的な価値をもたらす新しさには、さまざまなものがあり得ることを指摘しました。イノベーションというと、ついつい新しい製品やサービスばかりを思い浮かべますが、彼は、それだけでなく、新しい生産方法、新しい市場、新しい供給源、新しい産業構造の形成などもイノベーションと考えたのです。イノベーションが、経済的な価値をもたらす「新しいモノゴト」となっているのも、製品やサービス面での新しさばかりではないからです。

そして、シュンペーターは、「郵便馬車を何台連ねても列車を得ることはできない」と喩えたように、小さな改良ではなく、既存のモノゴトを大きく変革するものをイノベーションと考えていました。つまり、新規性の程度が極めて高いものこそがイノベーションだと考えていたのです。もちろん、これには理由があります。彼が、経済成長でイノベーションの役割を強調したのは、イノベーションが既存の均衡を壊してくれると考えたからです。この点は、新しさがなぜ破壊を伴うのかを理解する上でも大切なので、少し丁寧に見ていきましょう。

破壊を伴わざるを得ない理由

シュンペーターは、イノベーションを創造的破壊と言い表しました。創造の方はイメージしやすいと思います。あたりを見回してみてください。電子レンジや冷蔵庫、エアコン、クルマやスマートフォン、ワクチン、電気、屋内配管、目につくものは全て誰かが生み出したイノベーションです。

それでは、なぜ、破壊を伴うのでしょう。そもそも、既存の均衡とは何なのでしょう。なぜ、それを壊す必要があるのでしょう。

まず、企業が競争しているところから考えていきましょう。企業は、自社の製品やサービスの価格が高くて売れない、または品質が悪くて売れないと思えば、価格を下げたり、品質を上げたりします。販売促進を行う企業もあるでしょう。

競争相手よりも質の良い製品やサービス、あるいは、より安価な製品やサービスを提供できなければ、その企業は市場から撤退せざるを得ません。市場で生き残るためには、企業は人々が望む製品やサービスを提供し、生産性を上げなければなりません。

競争を通じて、需要と供給が価格を媒介にして調整されます。これが市場メカニズム（あるいは価格メカニズム）です。生産者の意向と消費者の意向が価格を媒介にして調整されるのです。ある製品やサービスに対する需要が高まると、消費者は価格が高くても購入するので価格が上昇し、生産者は更なる供給を増やします。一方で、需要が低下すれば、価格は低下し、生産者は供給を抑制します。このメカニズムは、人々が望む領域に経営資源を配分していくのに効率的なものです（もしかしたら他にもっと良いやり方があるかもしれませんが、現段階ではこれより効率的な方法は見つかっていません）。

効率的に資源配分の調整がなされていくと、消費と生産のバランスがとれて、均衡状態になっていきます。均衡状態になると、誰もそれを大きくは変えようとしなくなります。

ただ、消費者の好みも変わってくるでしょうし、生産に必要な財の価格も変わるでしょう。新しい技術が開発され、もっと良いやり方が発明されるかもしれません。さらに、同じやり方をしていると、企業がそこから得られるアウトプットは少しずつ減ってきます。これを収穫逓減と言います。

収穫逓減とはその名の通り、収穫が少しずつ小さくなっていくことです。例えば、面積が一定の田畑に植えるタネを増やしていくと、そこからとれる収穫の増分は少しずつ減っていきます。土地には一定の養分しかなく、水、日光も限られているからです。そうすると、田畑を持っている人の貯蓄はたまりにくくなります。

人々の貯蓄は、企業が機械や設備、技術などに投資する原資となります。人々の余っている資金を広く集めて、企業は投資を行うわけです。投資は、新しい雇用機会を生み、それが所得を上昇させ、さらに新たな貯蓄と投資の循環を生みます。これにより経済が成長するのです。収穫逓減により得られるものが徐々に小さくなり、貯蓄が小さくなると、その結果、経済成長も小さくなってしまいます。だからこそ、既存の均衡を創造的に破壊して、新しい均衡へと移行していくことが大切になるわけです。既存のやり方を破壊して、新しく創造することが経済成長には必要であり、これをシュンペーターはイノベーションだと定義したのです。

小さな改良も大切

既存の均衡を壊すわけですから、破壊の程度はかなり大きなものになります。これは、現在では「ラディカル・イノベーション」と呼ばれています。それでは、既存のモノゴトを前提として、それを漸進的に改良する新しいモノゴトはイノベーションとは呼べないということになるのでしょうか。

シュンペーターからすると、既存の均衡を前提とするようなものはイノベーションとは呼べないということになります。しかし、シュンペーターの『経済発展の理論』という本でイノベーションの重要性を指摘してから100年以上が過ぎています。その間に、イノベーションの研究も蓄積してきました。

そこでは、既存のモノゴトをそれほど破壊しないわずかな改良でも経済的な価値を高めるものであれば、イノベーションと考えられるようになっています。これは、「累積的なイノベーション」や「インクリメンタル・イノベーション」などと呼ばれています。

既存のモノゴトを前提とした、洗練や改良であったとしてもイノベーションと考えられるようになったのには二つの理由があります。

一つ目は、そもそも企業は最も効率の良い生産を行えているわけではないという点です。実は、もっと効率の良いやり方が存在していることが多いのです。だとすれば、既存のモノゴトを前提とした漸進的な洗練や改良であったとしても、そこには程度の差はありますが、既存のモノゴトの置き換え（つまり破壊）が存在しているのです。

二つ目の理由は、経済的な価値を生み出すのには、累積的なイノベーションが欠かせないことが分かってきたからです。既存の均衡を大きく破壊するイノベーションは、それが最初に生み出された段階では粗雑なものであり、そのままでは使い物になりません。開発された初期の蒸気機関は熱効率が悪く、人工知能もほとんど使えない代物だったのです。新規性は高いものの使えない代物も、その後に洗練されていくからこそ、経済的な価値を生み出すようになるのです。

経済的価値とは

イノベーションのもう一つの要素である経済的な価値について考えてみましょう。イノベーションの経済的な価値は、堅苦しい言い方をすると社会的余剰のことです。社会的余剰とは、簡単に言えば、社会全体が得る利益のことで、消費者が得をする分（消費者余剰）と、生産者が得をする分（生産者余剰）の合計です。

次の図1は、この社会的余剰を描いたものです。需要曲線は、消費者の支払い意思額です。このくらいの値段だったら払っても良いかなと思っている額です。これより高ければ（この図では需要曲線の上側）では、消費者は買ってくれません。供給曲線は、企業が生産するのにコストがどのくらいかかるかを示しています。企業はこの供給曲線よりも下の価格では、費用を賄えないので、生産をしてくれません。この需要曲線と生産曲線が交わるところ（E）で価格（P*）が決まります。均衡点です。

消費者余剰は、消費者が製品やサービスに対してここまでなら払っても良いかなと思う額と、実際に支払った価格との差です。実際に消費者が支払うのは、この図で言えば均衡価格のP*です。ということは、AEP*のところは、消費者が支払っても良いと思っている額よりも低い価格で買えたわけですから、消費者にとっては得をした部分です。これが消費者余剰です。

生産者余剰とは、製品やサービスをつくる企業がそのコストを割らない価格、つまり、最

図1　イノベーションの社会的余剰（消費者余剰と生産者余剰）

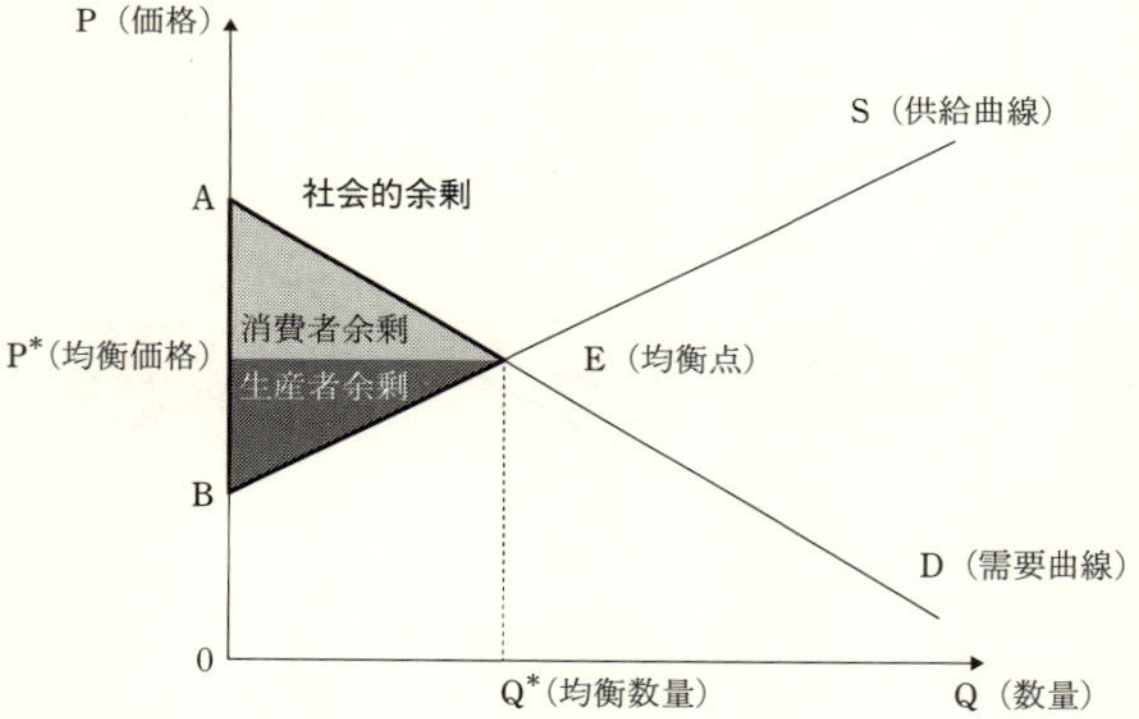

出所：清水（2022 b）p11

低この価格であれば製品やサービスをつくって、販売しても良いなと企業が考える価格と、実際に売れた価格の差です。簡単に言えば、企業が得る利益です。この図で言えば、BEP*は生産者が得をした部分です。これを生産者余剰と言います。

消費者余剰と生産者余剰を足したものが、社会的余剰であり、イノベーションの経済的価値の中身です。

社会的余剰はどのように大きくなるのでしょうか。図2を見て下さい。社会的余剰は二つのルートで増えます。一つは需要曲線の変化です。消費者の支払い意思を高めるような魅力的な新しい製品やサービスが生み出されると、需要曲線がDからD″へと押し上げられます。需要曲線が押し上げられることで、社会的余剰も多くなります。これは、プロダクト・イノベーションと呼ばれるものです。

図2　社会的余剰の二つの増え方

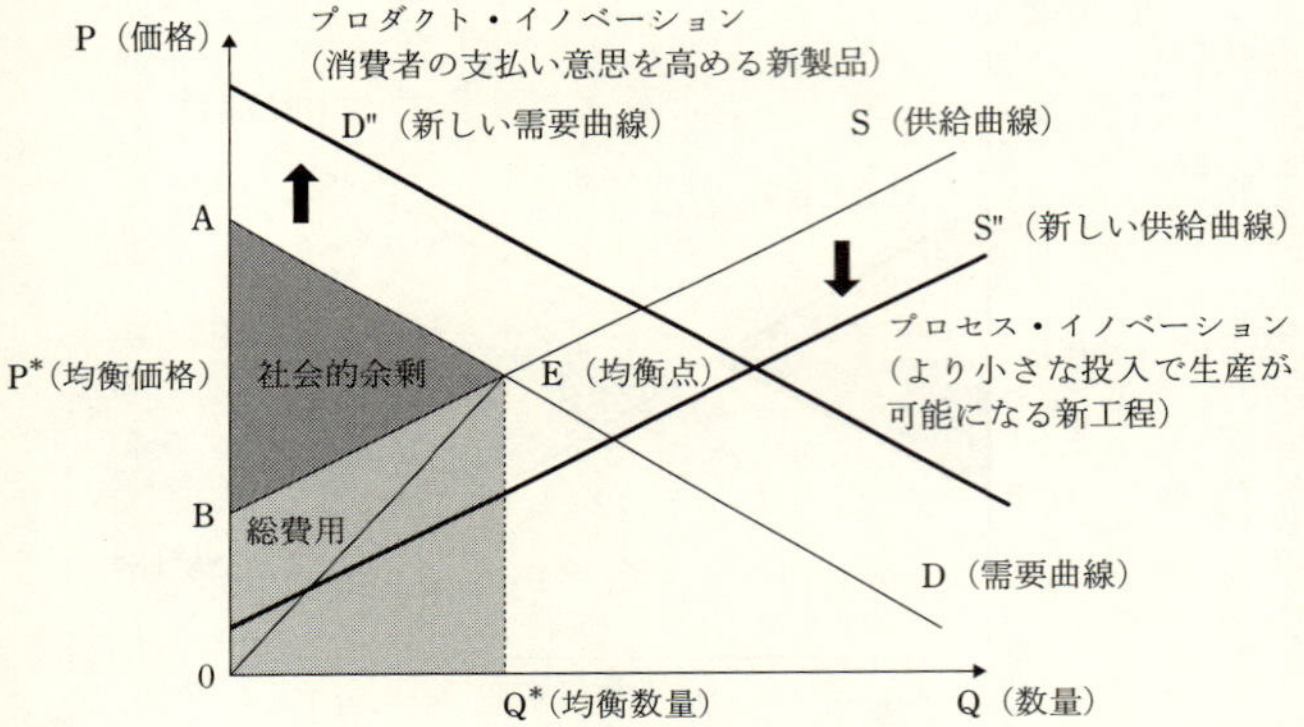

出所：清水（2022 b）p53

二つ目は、供給曲線の変化です。生産工程をより効率的なものにできれば、これまでよりも少ないインプットで生産できるようになります。生産性が上がると、供給曲線はSからS″へと押し下げられます。これも社会的余剰を増やします。これは、プロセス・イノベーションと呼ばれるものです。

このように、社会的余剰は、需要曲線、供給曲線、あるいはその両方が変化することで大きくなったり、小さくなったりするのです。違う言い方をすれば、需要曲線を押し上げたり、供給曲線を押し下げたりする新しいモノゴトがイノベーションなのです。

需要曲線、あるいは供給曲線が新しいものに変わると、需要曲線と供給曲線が交わる均衡点も変化します。既存の均衡から、新しい均衡へと移るのです。これが、前述のようにイノベーションが均衡の破壊を伴う中身です。

誰にとってのイノベーションか

ここで注意してもらいたい点が一つあります。イノベーションが起これば、自動的に消費者余剰も生産者余剰も大きくなるとは限らないのです。消費者の取り分が大きくなる場合もありますし、生産者の取り分が大きくなることもあるのです。

消費者の取り分が大きくなる典型は、価格が下がる場合です。企業は、基本的にはできるだけ高く売りたいわけですから、価格が下がるのは望ましくありません。価格を下げざるを得ないのは、競争が激しい場合です。企業が魅力的な新製品をつくったとしても、すぐに同業他社から同じような製品が次々と生み出されるような場合には、価格を下げざるを得ず、企業は儲かりません。生産者余剰は小さくなります。企業にとってはあまり喜ばしい話ではありません。しかし、企業の競争が激しければ、魅力的な製品やサービスが安くなります。これは、消費者にとってはありがたいことです。消費者余剰が大きくなるわけです。

魅力的な新しい製品やサービスをつくったとしても、儲からなければ企業にとってはイノベーションとは言えません。しかし、このような場合には、消費者余剰側が増えているので、社会的に見ればイノベーションということになります。

消費者余剰が小さくなり、生産者余剰が増えるのは、典型的には企業がイノベーションを生み出し、ある一定期間であっても、独占的な価格づけにより利益を得るような場合です。企業は儲かりますが、消費者としては高い価格を支払わなければならないので、消費者余剰は小さくなります。

これらは、イノベーションを考える上では、「誰にとっての?」という視点が大切であることを意味しています。企業にとってのイノベーションを考える場合は、生産者余剰が上がっていなければ経済的な価値を生み出したとは言えません。しかし、社会にとってのイノベーションは、生産者余剰がそれほど増えていなかったとしても、消費者余剰が上がり、社会的余剰が増えていれば経済的な価値を生み出していることになります。

これは、イノベーションの新しさについても同じです。ある企業にとって新しいことであったとしても、社会的にはそれほど新しいことではないということもあります。

2 不確実性がつきもの

イノベーションには不確実性がつきものです。これは、イノベーションが新規性を伴うからです。新しいものを生み出そうとするわけですから、当然、実績はありません。どのような結果になるかを事前に見極めることはできません。新規性の程度が高くなればなるほど、不確実性も大きくなります。これはイノベーションの大きな特徴の一つです。

イノベーションの分布

ところで、みなさん、ブレインストーミングをしたことはあるでしょうか。みんなで、自由な発想でたくさんアイディアを出していきます。みんなでやらなくても、自分一人でもできます。ただ、アイディアをたくさん出してみたものの、よくよく見てみると、そのアイディアのほとんどは役に立たないようなものばかりだったということはないでしょうか。しかし、ああでもない、こうでもないとアイディアをたくさん出していくと、数は少ないのですが、素晴らしいものもいくつか出てきます。これはイノベーションの分布通りです。

図３　イノベーションの程度と頻度

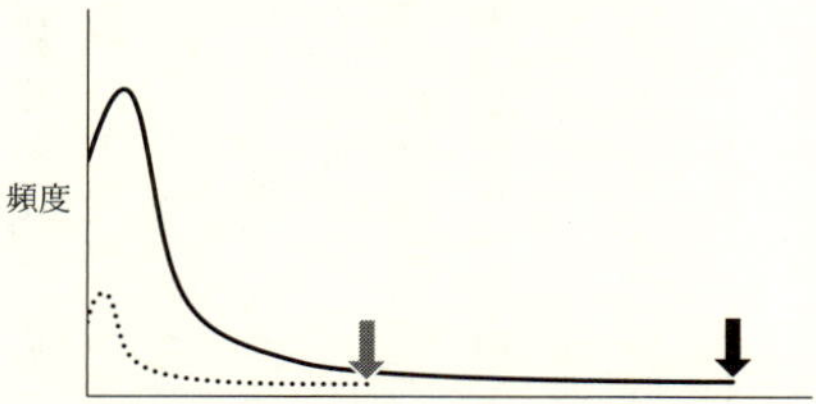

出所：清水（2022ｂ）p68

図３は、新規性の程度とその頻度を示したものです。縦軸は頻度で、どのくらいたくさん出現するかを表しています。横軸は新規性の程度です。高頻度で現れるのは新規性の程度が小さいものばかりなのです。新規性の高いものの出現はとても少ないのです。このような分布は、論文や特許、あるいは新製品のヒットの程度などさまざまなところで見られます。

試行錯誤を増やすためのリスク・シェア

イノベーションがこのような分布で出現することからすると、大切になるポイントは二つあります。一つ目は、試行錯誤の大切さとリスクのシェアです。

私たちが得られる新規性の程度は、試行錯誤の量に比例します。もしも、試行錯誤の量を減らしてしまうと、図3の点線のように新規性の程度は小さくなってしまいます。

失敗しないようにするために慎重に吟味して試行錯誤の数を減らしてしまうと、たいした成果は得られないのです。社内で肝いりのプロジェクトとして早い段階で精査しようとすればするほど、新規性の高い成果は遠のいてしまいます。

もちろん、最初から上手くいくこともあるでしょう。しかし、それは偶然です。もっと良いやり方があったにもかかわらず、たまたま最初に手にしたまずまずの成果で満足してしまうこともあるでしょう。いずれにしても、高い新規性を生み出そうという試みが、運頼みでは困ります。試行錯誤の量を多くすることを考えなければなりません。

試行錯誤を多くすると失敗が多くなります。だからこそ、「失敗を恐れずに頑張れ！」と応援したくなるのですが、これだけだと「気合いをいれろ！」という掛け声と同じです。掛け声も時には重要ですが、それだけでは困ります。失敗するリスクの共有が必要です。それがないのにチャレンジをしろというのは、そのリスクを個人に負わせてしまう可能性があります。新しいチャレンジをするためには、それが失敗するリスクをシェアする仕組みが必要です。これがなければ、リスクをとるのは山師ばかりになってしまいます。イノベーションを生み出す競争は、リスク・シェアの仕組みをアップデートして、試行錯誤を多く行う競争でもあるのです。この点については、第6章で詳しく見ていきましょう。

失敗から学習する

二つ目は、失敗についてです。試行錯誤が増えると、失敗が多くなります。ほとんど上手くいかない結果ということになります。だからこそ、失敗からの学習が重要な役割を担います。

世界の航空会社が加盟している国際航空運送協会によると、2022年には5件の死亡事故を含む39件の航空事故が発生しました。民間航空機で死亡事故が発生する確率は約470万分の1です。これは、重大な事故に遭遇するまでに400万回以上のフライトを経験しなければ起きないことであり、毎日飛行機に乗っても1万年以上かかるのです。飛行機での旅が極めて安全になっているのは、少しの不具合でも原因が追究され、世界中の旅客航空会社の間ですぐにそれが共有されるからです[2]。これに対して、自動車事故や医療事故がなかなか減らないのは、体系的に失敗の原因を追究し、それを世界中で共有する仕組みがないからです。

試行錯誤が多くできれば、次は、失敗から効果的に学習できるかがイノベーションを生み出す上で大切なポイントになります。学習が上手くいかなければ、同じような会議を何度もしたり、同じような失敗を繰り返します。

失敗は大きく二つのカテゴリーに分けられます。

一つ目は意図しない失敗です。新しいプロジェクトを進める際、全てが順調に進むわけではありません。上手くいかないことだらけです。ここで大切なのは、失敗の原因の追及とその共有です。

ただ、失敗の責任の追及はするものの、原因の追究がなされないことは良くありません。誰かに責任をとらせて、なぜ、その失敗が生み出されたのかは明らかにされないまま幕引きというのは一番困ります。失敗の責任を追及してしまうと、多くの人は失敗を回避しようとして新規性の高いチャレンジを止めたり、失敗を隠したりします。これでは困ります。追究したいのは、あくまでも失敗の原因であり、責任ではありません。

イノベーションのためには、失敗に寛容になることが大切だと言われることがあります。確かに、これは大切なのですが、失敗の許容だけでは十分ではありません。失敗の原因を分析し、それを共有することを高く評価する仕組みが重要です。これにより、試行錯誤は繰り返すたびに価値が上がる投資になるのです。

二つ目の失敗は、意図した失敗です。わざと失敗するなんて、あり得ないと思う人もいるでしょう。しかし、わざと失敗することは、素早く正解にたどり着く上では欠かせないのです。これは、本当は間違っているけれど、みんなが正しいと信じている仮説から抜け出す唯一の方法と言っても良いでしょう。

意図的に間違えることとは、科学では普通に行われています。これはやや専門的な言い方をすると、帰無仮説の検証です。帰無仮説とは、自分が信じる仮説の反対の仮説です。例えば、「新しい薬は効果的である」という仮説を持っていたとします。これに対する帰無仮説は、「新しい薬は効果的ではない」というものです。

「新しい薬は効果的である」という仮説を検証するためには、新しい薬を投与した人たちと、投与しない人たちを比べて効果を確認すればよさそうです。しかし、これだけでは、十分ではありません。いくら、薬を投与した人たちに効果が表れていたとしても、それは、プラセボ効果かもしれないからです。プラセボ効果とは、実際には治療効果のない薬や治療を受けたとき、患者が心理的な要因で改善を感じる現象です。例えば、砂糖の錠剤を「強力な痛み止め」として与えられた患者が、実際に痛みが軽減されたと感じることがあります。

だからこそ、新しい薬の効果を調べるためには、実際の薬と偽薬（例：乳糖やでんぷんなどの錠剤）が使われるのです。被験者はどちらの薬を受け取ったのか知らされず、研究者もその情報を知らない状態で行われます。偽薬を投与することで、帰無仮説である「新しい薬とプラセボの間に有意な差はない（つまり、新しい薬には効果はない）」を検証するのです。

科学の進展は、帰無仮説の検証という意図的な失敗に支えられてきたと言っても過言ではありません。わざと間違えることでいち早く正解にたどり着けるのです（より正確に言えば、仮説のもっともらしさをより早く検証できるのです）。意図的に間違えることは、大々的に行う必要はありません。仮説の検証のためのデータがとれる範囲で良いのです。

3　創造の恩恵と破壊のダメージには時間差がある

イノベーションには創造と破壊の両面があります。それぞれの影響は時間差で出てきます。この時間差が抵抗を生みます。

恩恵は社会に少しずつ広がる

イノベーションを生み出すことによって、真っ先に恩恵を得るのはそれを生み出した企業家とそこに投資をした投資家です。しかし、企業家や投資家、あるいはその組織が手にする利益は、後続企業の模倣やさらなる創造的破壊によって、長期的には消失します。

イノベーションのより大きな恩恵は、生産性の向上による経済成長や、新しい産業や雇用の創出、生活の質の向上などです。紡績機、屋内配管、自動車、ワクチン、半導体、インターネット、新幹線などを思い浮かべてみても分かります。それらを生み出した人が手にした利益よりも、その後に私たちが得た恩恵の方がはるかに大きいのです。

恩恵は経済成長を通じて、広く社会に行き届くのです。ただ、その恩恵が全体に広がるまでには時間がかかります。なぜ、時間がかかるのでしょう。

まず、これまで見たように新規性の高いイノベーションであればあるほど、それが生み出された当初は粗雑なものです。これが洗練されていくことによって、使えるものになっていきます。累積的なイノベーションが積み重ねられるのには時間がかかります。

また、新規性の高いイノベーションであればあるほど、補完的な制度の整備が遅れます。例えば、クルマは開発されてからすぐに、大きな経済的な価値を生み出したわけではありません。交通ルールの整備や高速道路が必要です。ガソリンスタンドやスタンドまでガソリンを運ぶサプライチェーンだって要ります。メインテナンスもしなければいけません。そのためのエンジニアも必要です。自動車保険も自動車ローンも大切でしょう。このような制度やサービスが整備されるには、時間がかかるのです。また、クルマを使った新しい産業（例えば、輸送業やタクシーのサービスなど）も、クルマが生み出された次の日に出来上がるわけではありません。

そして、経済成長の恩恵は、すぐに全ての人々や地域に均一に広がるわけでもありません。短期的には、不均一に広がります。特定の産業や企業、あるいは特定の職業の人たちは大きな利益を得ますが、衰退する産業や企業、あるいは職業も生まれます。地域的な差も生まれます。経済成長がもたらす恩恵は、偏ることが多いのです。

その恩恵が社会全体に広がるのは、いくつかの経路があります。

まず、雇用の増加です。経済が成長すると、新しいビジネスや産業が生まれ、既存の企業も拡大します。これにより、新しい雇用の機会が生まれ、失業率が低下します。多くの人々が安定した収入を得ることができ、生活の質が向上します。

賃金も上昇します。経済が成長すると労働者に対する需要が増加します。これにより、多くの企業が優秀な労働者を確保するために賃金を引き上げます。結果として、多くの労働者の収入が増加し、生活水準が向上します。

さらに、公共のサービスだって向上します。経済成長により、国の税収が増加します。これにより、政府はより多くの公共サービスやインフラを提供することが可能となります。再分配による支援や、教育によるスキルの格差の是正、インフラの整備や地域振興策などが行われます。

経済成長は単に国の一人当たりのGDPが増加するだけでなく、それが人々の生活の質の向上にもつながります。ただ、これらが社会に広がるのには、時間がかかるのです。イギリスで産業革命が始まるのは1700年代中頃からです。しかし、ロンドン・スクール・オブ・エコノミクスのニコラス・クラフツの試算によれば、実際にイノベーションの貢献による一人当たりのGDPの伸びが見られるのは1800年代に入ってからだったのです[3]。

短期的・局所的に出るコスト

イノベーションはタダでは起こりません。必ず、コストが発生します。そのコストにはさまざまなものがあります。イノベーションを生み出すために企業が行う研究開発投資や設備投資は、典型的なイノベーションのコストです。

これだけではありません。国の研究機関や大学は、すぐにはビジネスに結びつかないけれども、長期的には大切な基礎的な研究開発を行っています。大学や大学院では優秀な人材を輩出するための教育を行っています。これらもイノベーションに必要なコストです。

さらに、イノベーションの意図せざる結果として公害や環境問題を引き起こしてしまうこともあります。新規性の高いものであるほど、どのような影響があるのかを事前に予期できないからです。排気ガスによる大気汚染、二酸化炭素の排出による温暖化やマイクロプラスチックによる海洋汚染などは、かつてのイノベーションが生み出した負の外部性です。負の外部性とは、ある経済活動がもたらすその活動に関与していない第三者に対する不利益な影響のことです。これは、イノベーションの社会的なコストです。

イノベーションが破壊の側面を持つがゆえに、自分のスキルが破壊される人も出てきます。自動織機や紡績機、電話の自動交換機、郵便物の自動処理装置など、人のスキルを代替するイノベーションには枚挙に暇《いとま》がありません。スキルが破壊されてしまう人の所得の低下や失業も、イノベーションのコストなのです。

時間差が抵抗を生む

イノベーションにより破壊されるコストは、スキルが破壊される人に局所的に、そして短期的に現れます。そのため、破壊的な側面が大きいものであればあるほど、既存のモノゴトのやり方で上手く行っている、あるいは新しいモノゴトにより自身のスキルや強みが陳腐化させられてしまう人や組織は強く抵抗します。

恩恵は全体に広がるけれど、損失が局所的に現れる現象は、イノベーションだけではありません。多くの社会的・経済的な状況で見られます。このような時に抵抗が現れます。この背後には、恩恵を受ける人々は多数だけれども、その恩恵は一人一人にとっては小さく感じられるために、その恩恵を得るための積極的な行動を起こしにくい状況があります。一方、損失を受ける人々は少数ですが、その損害が一人一人にとっては大きいため、その損害を防ぐための行動を起こしやすいのです。

例えば、ダムや空港の建設などの大規模な開発プロジェクトは、多くの人々にとっての雇用の機会や経済の活性化などの恩恵をもたらす可能性があります。しかし、その開発地域の住民や自然環境には大きな損害をもたらします。このため、開発に反対する住民や環境保護団体は強く団結して抗議活動を行うことがよくあります。

自由貿易協定も同じです。自由貿易協定は、多くの消費者にとっては安価な商品の提供という恩恵をもたらす可能性があります。しかし、国内の特定の産業や労働者には、外国からの安価な輸入品との競争による損失が生じます。このため、自由貿易協定に反対する産業団体や労働組合は、その損失を防ぐために強く団結して抗議活動を行うことがよくあります。

イノベーションに話を戻しましょう。自分の職がなくなってしまうかもしれない人たちにとっては、イノベーションの恩恵よりも自分が支払うコストの方が遥かに大きいのです。

長期的には社会全体への恩恵があるとは分かっていても、自分のスキルが置き換えられてしまう負の影響の方が大きければ抵抗するのは当然です。スキルが破壊される人と、長期的に恩恵を受ける人は別人なのです。社会レベルで、長期的な視点に立てば、イノベーションの恩恵はコストを上回ります。イノベーションによって、確かに新しい、より生産性の高い仕事が増えます。

しかし、その職を手にするのは、通常、スキルを破壊された人ではないのです。新しいスキルを身につけるのには時間もかかりますし、多くの人にとってはそもそもそれは難しいのです。個人の時間は限られています。そのイノベーションの恩恵が自分にまでまわってくるか分かりません。恩恵があったとしても、自分が支払ったコストには多くの場合、見合わないのです。恩恵と損失の間に長いタイムラグがあるからです。

抵抗で最も有名なのは、「はじめに」でも述べましたが産業革命期のイギリスのラッダイト運動です。綿工業において自動化された機械に職を奪われた熟練労働者たちが機械の打ち壊しを行いました。

現代では、さすがに、このような暴力的な抵抗は見られなくなりました。しかし、それは抵抗がなくなったというわけではありません。より静かなかたちになっただけです。最初は無視から始まり、どうしても無視しきれなくなると、「使い物にならない」、「実績はあるのか」、「上手くいくか分からない」、「リスクがある」と言い、できるだけ導入を遅らせます。この抵抗に負けると、そもそも導入されなかったり、そのスピードが遅くなったり、骨抜きのイノベーションぽいことの導入になったりします。「雇用を守る」と力強く言う経営者も、高い収益性が見込める投資機会をしっかりと見つけて（つくりだしてという言い方が正しいですが）、そこに投資をし、既存の人員の再配置をしていかなければ、それは、陳腐化したタスクに就いていた人のために、将来の高い収益性を犠牲にする意思決定をしているのと同じです。

このような抵抗に対して、「自分のことだけ考えるな」とか「スキルが陳腐化したのは自己責任だ」と責めたり、イノベーションを導入しようとする人に「抵抗勢力に負けるな」と鼓舞したりしても、それほど意味はありません。新しいチャレンジを促し、抵抗を減らす上で大切なのは、リスクのシェアの仕組みです。

【第1章　まとめ】

ここでは、イノベーションの基本的なポイントについて確認してきました。イノベーションはさまざまな特徴があるのですが、本書との関係で特に重要になるのは、次の三つの点です。

一つ目は、創造的破壊と言われるように、イノベーションには創造と破壊の両面が存在していることです。もちろん、その程度には大小さまざまなものがありますが、この特徴は必ず有しています。

二つ目は、イノベーションには不確実性が伴うというポイントです。事前に上手く行くかどうかは分かりません。それどころか、どのような結果になるのかすら、良く分からないのです。だからこそ、イノベーションを生み出す競争は、試行錯誤に伴う失敗のリスク・シェアの仕組みをアップデートする競争でもあるのです。

そして、最後は、イノベーションの恩恵とダメージは時間差でやってくるという点です。この時間差こそが、抵抗を生むのです。これは、もう一つのリスク・シェアの重要性を示すものです。イノベーションによりスキルが破壊されるリスクの共有です。

これらのポイントを頭に入れて、創造的破壊について考えていきましょう。

第2章　創造する人の特徴

美術館に行くと、作品はもちろん、説明書きを夢中で読みます。そこには、絵画や彫刻の背景や、作者についての記述があります。そして、「いったいどんな人がこのような傑作をつくるのだろう」と考えてしまうのです。絵画や彫刻だけではありません。音楽や小説、科学や技術でも同じです。画期的なものに出会うと、「誰がつくったの」と考えたくなるのです。ダ・ビンチやベートーベン、ダーウィンやアインシュタインなどの天才はどのように生まれるのでしょう。画期的な新製品やサービス、新しい生産工程など、イノベーションを生み出す人はどのような人なのでしょう。

1　創造性は才能なのか、環境なのか

創造する人の特徴はどのようなものでしょう。一般的には風変わりで、破天荒な人というイメージが多いのかもしれません。

もし、創造する人の特徴が分かれば、そのような特徴が自分（あるいは他の人）にあるのか分かります。残念ながら自分にはそのような特徴がなければ、適材の人をリクルートしてくることもできるかもしれません。あるいは、教育でその特徴を身につけることもできるか

もしれません。だからこそ、新しいモノゴトを創造する人の特徴の分析は、私たちの興味を惹きつけてきたテーマです。

天才は小さい時から優れているのか

創造する人を分析するにあたって、まず注目されたのは、いわゆる天才です。ベートーベンやアインシュタインほどの世界史的に見ても傑出した人物にとまでは言いませんが、それでも平均的な業績よりははるかに優れた成果を上げる人たちがいます。どのような人なのでしょう。

スタンフォード大学のルイス・ターマンは、天才についての研究を始めた最初のグループの一人です。ターマンは、天才は遺伝的に（つまり、生まれながらに）一般の人とは異なる特徴があるのではないかと考えていました。そこで、幼少時の知能テストで優れた成績を上げた子どもたちを追跡調査したのです。

そこでの大きな発見は予想に反するものでした。まず、天才的な子どもの性格や健康状態などは、それほど他の子どもと変わりはなかったのです。天才は、「変わり者」というわけではなかったのです。これは驚きの発見でした。天才は幼少期にトラウマがあったり、精神的に不安定だったり、好き嫌いが多かったり、何かが変わっていると思われていたからです。

ただ、幼少時に知能が優れていた子どもは、多くの場合、大人になった時に非常に高い成果を上げていました。これはターマンの大きな発見でした。もちろん、優秀な知能を持ちながら才能を開花させられない子どもたちもいました。ターマンは優れた知能は遺伝するものだと考えていましたが、同時に、そのような優れた知能を開花させるためには、特別な教育が必要だという結果であると解釈していました。

ジョンズ・ホプキンス大学のジュリアン・スタンレイは、数学的に才能がある児童の研究（Study of Mathematically Precocious Youth：ＳＭＰＹと呼ばれています）を１９７１年に始めました。そこでは、12～14歳の子どもに高校生が受ける大学進学適性試験（ＳＡＴ）の数学の問題を解かせました。まだ習っていない数学の問題をどのように解くのかを見れば、創造的な問題解決の力が分かると考えたのです。

多くの子どもは問題を解くことができないのですが、なかには極めて優れた成績を上げた子もいました。その子どもたちをスタンレイらは追跡調査したのです。その子どもたちは、一般の人（アメリカの人口の層別無作為のサンプル）と比べると高い水準で博士号を取得していたり、フォーチュン５００企業のＣＥＯや連邦判事、億万長者、上院議員や下院議員になる傾向が見られたのです[4]。この結果は、高い業績を上げる人は、子どもの頃から優秀だったことをはっきりと示しています。

より詳しく知りたいのは、知能のうち特に何が得意であるかです。ヴァンダービルト大学のハリソン・ケルらは、スタンレイと同じように子どもたちに大学進学適性試験を受けさせ、その上位０・５パーセントに入った子どもたち５６３名を対象にして、空間認識能力のテストも行いました。そして、その子どもたちを30年以上追跡調査しました。そこで見つかったのは、空間認識能力の結果の方が、大学進学適性試験の数学的あるいは言語的推論の結果よりも、大人になった子どもたちの高い成果を上手く予測できるということでした[5]。

この研究の発見も、極めて高い成果を上げる人たちは、子どもの頃から既に高い能力を身につけているという点では、一致しています。これらは、アメリカにおける飛び級制度の科学的な裏づけになっています。

ただ、幼い頃から優秀な子どもとそうでない子どもを分けることは、「天才（ギフテッドと言われます）」あるいは「凡才」といったラベルを張ることになるため、その後の学習効果に良くない影響がでるのではないかという懸念もあります。早い段階で区別するよりも、むしろ、成長するためのマインドセットを持つことが重要だという指摘もあります[6]。

どのような環境で優れた才能は開花するのか

優れた成果を上げる人は、小さい頃からその片鱗《へんりん》を示しているというのが天才研究で明らかになったことです。

小さい頃から優れた成果を上げるのは、遺伝なのかもしれません。そのため、中国・深圳のＢＧＩ（旧北京ゲノミクス研究所）の研究者たちは、優れた才能につながるＤＮＡの特徴を探っています。しかし、その行方はまだ不透明です。

確かに、双生児を対象にした研究から、一般知能テストの結果の半分以上は遺伝的な要因で説明できることが分かっています。また、発達障害につながる遺伝子の変異も多く特定がされています。しかし、知能テストの結果には人によって大きな差があり、これを説明できるような遺伝子の変異はまだ分かっていません。身長や体型などと同じように、遺伝子の変異は無数にあり、それが組み合わさって影響するのでなかなか明らかにならないのです。

一方、優れた才能がどのような環境で開花しやすいのかは明らかになってきています。もしも、才能が遺伝子に大きく規定されていて、それがランダムに人々の間に分布しているとすれば、時代や国、地域、あるいは教育などによる違いは出ないはずです。

しかし、実際には明確な差が出ています。これは、優れた才能を持っているかどうかは遺伝的な要素が作用しているとしても、その才能が開花するかどうかは環境によるということを強く示すものです。それでは、どのような環境にいると、才能は開花しやすいのでしょう。

まず、子どもの時に育った家庭環境の影響が大きいことが分かっています。

ハーバード大学のアレクサンダー・ベルらの研究グループは、どのような人が新しい技術を生み出す人になるのかを予測しようと考えました。この予測ができれば、新しい技術を生み出しそうな人の手助けができそうですし、将来創造性の高い仕事をする人をあらかじめ特定できるのです。

このグループが注目したのは、人種、性別などに加えて、子どもの時の保護者の所得でした。そのために、およそ120万人のアメリカの発明家（もう少し正確に言えば、研究開発を行って特許を取得した人）を調べたところ、予想通り、保護者の所得は大きな影響を与えていました。所得分布の上位1％の親から生まれた子ども1000人のうち8人が新しい技術を生み出していました。これは、平均所得以下の保護者の子どもの10倍に当たるものです。さらに、新しい技術を生み出すだけでなく、極めて優れた新しい技術（特許の被引用件数が上位5％にはいるもの）を生み出す可能性を見ても、高所得の保護者に育てられた子どもの方がはるかに高いのです。また、所得分布の上位1％に入っている保護者に育てられた子どもは、所得が中央値以下の保護者に育てられた子どもと比べると、将来、上位1％の所得に自分も入る可能性が27倍高かったのです。

人種や民族の影響もありました。ニューヨークの公立の学校に通う子どものデータで見てみると、白人の子どもは1000人当たり1・6人、アジア人の子どもは3・3人、黒人の子どもは0・5人、ヒスパニックの子どもは0・2人と新しい技術を生み出す可能性に偏りが見られました。もちろん、これには親の所得も影響しているでしょう。人種や民族によって所得に偏りがあるからです。そこで、黒人、ヒスパニック、アジア人の親の所得分布を白人のそれと一致させて分析したところ、差は小さくなったものの依然として差は残りました（例えば、黒人は白人の2分の1）。

性別についても、明確な偏りが見られています。女子の方が将来新しい技術を生み出す可能性が明らかに小さかったのです。性別の差はわずかずつですが小さくなっているものの、男女が同じ割合で新しい技術を生み出すようになるまでには今のままだと118年かかるという結果でした。

幼少期の子どもの能力はどうでしょうか。前述のように「天才」は子どもの頃から優れた能力を発揮することが多いようです。ベルらのグループは幼少の頃の能力の影響を見るために、小学3年生の時の算数のテストを測りました。

その結果は、予想通りのものでした。テストで高い点数をとった子どもは、大人になった時に新しい技術を創造する（発明家になる）確率が高かったのです。そして、保護者の所得が高くなると、子どものテストの点数も高くなる傾向がここでも見られました。

低所得者層の保護者の下で育った子どもにも、テストの点数が高い子もいました。しかし、その子たちが発明家になる確率は高くはありませんでした。テストの点数が上位5％のいわゆる「できる」子どものうち、高所得の保護者の子どもは、低所得の保護者の子どもと比べると2倍以上発明家になる確率が高かったのです。このことは、天賦の才能よりも環境の方がはるかに大切だということを示しています。

女性について興味深い発見もされています。女性が研究開発に従事し新しい技術を生み出すことが比較的多い地域で育った女子は、その後、新しい技術を生み出す可能性が高くなることが観察されています（男子にはこのような影響は見られません）。この背後には、女性の社会進出に対する障害が比較的少ない地域であるということや、研究開発に携わる身近なロールモデルへのアクセスの効果があると考えられます。

ベルの研究グループは、アメリカでは、子どもの頃から能力が高く、なおかつ高所得の白人の家庭で育った男が発明家になりやすいということを明らかにしています。能力が高いだけでは十分ではないのです。

この発見は、不利な立場にある子どもたちをサポートすることの重要性を強く示すものです。低所得家庭で育った女子や、マイノリティの子どもたちが、高所得家庭に育った白人の男子と同じ割合で将来発明した場合、アメリカの発明はおよそ4倍に増えるという試算ができる発見だったのです。

創造する人のパーソナリティ

ここまでは大人になって優れた業績を上げる人は、どのような子どもだったのかを見てきました。次に、創造する人の特徴を少し角度を変えて見てみましょう。

新しいモノゴトを生み出すためには、創造性が大切です。創造性とは、簡単に言えば、有用な新しいモノゴトを生み出すことです。

有用なものでなくても良いなら、新しいモノゴトを生み出すことは簡単です。大福にフライパンやネジを入れたり、カレーにソファーや枕をトッピングしたり奇想天外なことをすれば良いのです。

どのような人の創造性が高いのでしょう。注目されてきたのは、個人のパーソナリティです。パーソナリティとは、人の心理的な特性です。パーソナリティはいろいろな方法で区分され、その測定にもさまざまなものがあります。最も有名なものは、ビッグファイブと呼ばれるものです。これは、人々のパーソナリティを、①開放性、②外向性、③協調性、④誠実性、そして、⑤神経症傾向の五つに分けたものです。

創造性が高い人と普通の人のパーソナリティを比べると、特定の傾向が繰り返し見られています[7]。それは、創造性の高い人たちは、開放性と外向性が高いのです。

開放性とは、新しいアイディアや経験などを喜んで受け入れる程度です。開放性が高い人は、知的好奇心が高く、目新しいものを好む傾向が高いのです。外向性とは、社交的であり、他人との付き合いを好む程度です。開放性と外向性の高さはそれぞれ創造性の高さと正の相関関係が観察されています。

なぜ、開放性や外向性が高い人は創造性が高いのでしょう。これは、外からの新しい刺激の入りやすさだと考えられています[8]。自分の頭の中だけで考えていては同じようなことばかりを考えてしまい、新しいつながりは得られにくいのです。

また、開放性が高い人は、集中力に欠けるという特徴もあります。これも外からの情報の入りやすさに関係しています。集中力というのは、意識的に外からの刺激を遮断して、没頭できる能力です。自分の注意を特定のところに焦点化するので、選択的注意とも言われます。集中力が低い人は、この選択的注意が利きにくいので、集中しようとして新しい刺激を遮断しようとしても、それができません。だからこそ、新しいつながりが入ってしまいがちなのです。

パーソナリティはある程度は変化しますが、普通は大きくは変化しません。そのため、パーソナリティそのものが創造性に直接的に影響するのであれば、残念ながら開放性や外向性が低い人にとっては、新しいモノゴトを生みだすという点では、あまりできることはありません。

しかし、創造性を高めるポイントが、開放性や外向性といったパーソナリティそのものにあるというよりは、開放性や外向性が高い人の行動の特性にあるとすれば希望が出てきます。なぜなら、自分の心理的な特性と比べれば、自分の行動はまだ変えやすいからです。

新しいモノゴトへの接触が創造性を高めるとすれば、開放性や外向性が低い人は少し頑張らないといけませんが、そのように自分の行動を変えることはできます。たまには、いつもは手にとらない本を読んでみたり、普段は話をする機会がない人たちと話してみたりすることで新しい刺激を意識的に増やすことはできます。

2　動機づけ次第で創造性が変わる

私たちのやる気も創造性に影響します。やる気がなければ、何もできないので当たり前に聞こえるかもしれません。ただ、創造性について言えば、やる気があれば良いというものではなさそうなのです。

外的動機づけと内的動機づけ

やる気は、二つに分けることができます。外的動機づけと内的動機づけです（外発的動機づけと内発的動機づけとも言われます）。それぞれ簡単に見ていきましょう。

外的動機づけとは、その名の通り、外から与えられる刺激によって動機づけられるものです。お金は典型的なものでしょう。優れた仕事をすれば、ボーナスがたくさん出るからがんばるというのは、外的動機づけです。金銭面だけではありません。人に認められたいという承認欲求もあります。承認欲求を満たすために、頑張るという人も少なくないでしょう。良い成績をとれば、保護者や先生に褒めてもらえるからがんばる子もいるでしょう。これは承認欲求による外的な動機づけです。プラスのことばかりではありません。罰金をとられたり、給料を減らされたり、降格させられたりする恐怖感も外的な動機づけになります。

内的動機づけとは、自分の内部から出てくる動機づけです。趣味は基本的に内的に動機づけられています。私はテニスをするのですが、私が試合をしても賞金をもらえるわけでもありませんし、良いプレーをしても誰かが褒めてくれるわけではありません。テニスが好きだから、テニスをするのです。趣味だけではありません。他の人は「それをやって何になるの？」と聞きたくなるけれど、当人は夢中で取り組んでいることがあります。そのような人は内的に動機づけられている人です。

仕事にとっては対価を得ることは大切です。いくらやりがいのある仕事だとしても、「明日から、ボランティアでお願いします」と言われたら多くの人が続けないでしょう。生活があります。そのため、外的な動機づけは大切です。

それでも、仕事それ自体にやりがいを感じるものもあります。何にやりがいを感じるかは人それぞれですが、その仕事をやること自体が（大変かもしれませんが）楽しいと思えるものはあるはずです。この場合は、内的に動機づけられているということになります。

私たちは、外的な動機づけと内的な動機づけのどちらか一方に突き動かされているというわけではありません。それぞれの場面において、どちらかが相対的に大きくなったり、小さくなったり、あるいはどちらも下がってしまったりします。

創造性に大切な内的動機づけ

馬を水辺に連れて行くことはできても、水を飲ませることはできません。いくら機会があっても、本人のやる気がなければ始まりません。しかし、高い創造性を発揮するためには、やる気があれば良いわけでもありません。内的動機づけが大切なのです。なぜでしょう。

これは、探索の多さに関連しています。高い創造性を発揮するためには、試行錯誤をたくさんすることが大切です。たまたま、最初の数回で大当たりに当たることもあるかもしれませんが、その確率はごくわずかで、試行錯誤を繰り返す中で、高い創造性が生み出されることが普通です。

外的動機づけが高い人は、自分が満足する報酬や承認が得られると思ったところで探索をやめてしまいがちです。もしも、探索をしたとしても、自分が満足する報酬や承認が得られない（目標設定が高すぎる）と思えば、途中でやめるでしょう。

さらに、外的動機づけは、他の人からの評価に依存すると言えます。チャレンジしようとすることの新規性が高ければ高いほど、当初から多くの人に評価されるようなことはありません。新規性が高いと、当初は多くの人には理解されません。むしろ、「バカげている」と反対する人の方が多くなるほどです。そのため、外的動機づけが高い人は、多くの人が理解できるところをターゲットにします。そして、多くの人が最初から理解できるようなところでは、創造性はそれほど高まりません。

しかし、内的に動機づけられている人は、そもそもそれをすること自体が好きなわけですから、「もっと、良いやり方があるはずだ」と試行錯誤を止めないのです。だからこそ、結果として、より高い水準の創造性に到達できるのです。やめろと言われても（むしろやめておけといわれる方が）、他の人からの評価などを気にせず、どんどん突き進んでいくのです。こういう人が新しいモノゴトを創造するのです。

ニンジンでつるのがまずい理由

勉強しない子どものやる気スイッチをいれるのは簡単ではありません。内的な動機づけは、「好き」という感情を含みます。感情は自分でもコントロールするのは難しいのですから、他の人がそれをマネジメントすることはなおさら難しい（ほとんど無理）でしょう。

そこで、外的な動機づけに頼りがちです。お小遣いやおもちゃなどのご褒美をちらつかせたり、褒めたりして、子どもを勉強に向かわせようとすることがあります。大人で言えば、金銭的な報酬を増やしたり、承認欲求を満たしたりするわけです。ニンジンを用意して、人を動かそうとするのです。その方が簡単だからです。

しかし、外的な動機づけが高くなると、内的な動機づけが低下してしまうのです。ロチェスター大学のエドワード・デッシは128件の研究を集め、外から与えられるニンジンと内的動機づけの間の関係のメタ分析を行いました[9]。メタ分析とは、簡単に言えば、これまでの統計的な分析結果を集めて、そこに見られる傾向を探るものです。

この結果、外からの報酬は、内的な動機づけを損なってしまうことが分かったのです。報酬と一口に言っても、金銭などの有形のものから、言葉による無形のものまでさまざまです。また、その与え方も、（成果に関係なく）頑張った分だけ与えられるものや、業績に応じた成功報酬、仕事を完了した場合に与えられる報酬などさまざまです。しかし、それらは全て内的動機づけを損なっていたのです。とても良く家の手伝いをしていた子どもに、手伝いをするたびにお小遣いを渡すと、お小遣いなしではなかなか手伝いをしてくれなくなってしまうのです。

自分の部下や同僚（もしかしたら、上司という場合もあるでしょう）のやる気がなくて困っている人は少なくありません。子どものやる気スイッチを入れるのに苦労している保護者も多いでしょう。ニンジンでつりたくなりますよね。

しかし、これは、創造性にとっては問題です。お金や承認などの外的な刺激をニンジンにして人を動機づけていくと外的動機づけが高まるので、一見やる気は出ているかのように見えますが、内的動機づけが損なわれてしまうので、創造性が低下するのです。

内的動機づけをどう上げるのか

気になるのは、どうやれば内的動機づけが上がるのかです。これはなかなか難しい問題です。内的動機づけは、好きとか嫌いといった感情が含まれています。行動は頑張ればコントロールできるかもしれませんが、感情のコントロールはそうはいきません。

もちろん、怒りの感情がとめどなく表出してしまうといろいろ困るので、怒りの感情をコントロールするためのトレーニングはさまざまなものがあります。ただ、好きという感情は善きものと考えられているため、その感情を抑制したり、コントロールしようとは普通は考えません。

今、ある人があまり興味を持っていない、あるいは嫌いなものを、その人に好きになってもらうのは、至難の業です。説得しても効果はありません。好きになってもらうために、説得（あるいは説教）をすればむしろ、逆効果の可能性すらあります。

それでは、どうやって内的動機づけを高めるのでしょうか。これは悩ましい問題ですが、ある程度のポイントは分かってきています。

まず、「やる気をだせ」と説得することはやめた方がよさそうです。むしろ、内的動機づけが下がってしまいます。なぜなら、自分で決めることが大切だからです。「自主的にやりなさい」と言われて、自主的にやることは定義的に不可能です。自分で、やることを選択でき、実際に自分で意思決定することが内的動機づけを上げてくれます。一つ目のポイントは自己決定性の促進と言われるものです。自分で決めたものではなくて、誰かにやれと言われたものだと自己決定性が下がり、それに伴って内的動機づけも下がってしまいます。

二つ目のポイントは、タスクそのものについてです。人は、興味があるもの、好きなものにこそ、高い内的動機づけを持つのです。いくら自分で決めたからといって、タスクが簡単すぎたり、全く興味がないものであれば、内的動機づけは高くなりません。タスクが誰にでもできるようなものであったり、そのやり方が完全にマニュアルで決められていて、裁量の余地がないものには、興味を抱きにくいのです。

この二つは、伝統的なマネジメントとは相いれません。マネジメントの基本は、目標を決め、その達成に必要なタスクを決め、タスクを分解し、人に割り当て、効率的に管理することです。タスクはできるだけ簡単に分解することが重要です。誰でもができるようになれば、ミスは減りますし、人件費を下げることもできるからです。けれども、そこで働く人の内的動機づけは減っていきます。働く人はまるで機械のように与えられたタスクをこなしていきます。まさに、チャップリンが『モダンタイムズ』で演じたものです。人に与えられた、興味もない仕事では、内的動機づけは上がりません。

タスクが分解されるのは、組織では仕方がない側面もあります。タスクが細かく分解されるからこそ、専門性が生まれ、効率的になります。これこそが分業の力です。

だからこそ、当人が行っているタスクがどのような大きな構想（ビジョン）に、どのようにつながっているのかをフィードバックしてあげることはとても大切です。自分がやっているタスクが意義あるビジョンへの一歩だと思えれば、内的動機づけが上がります。

もしも、目標自体に意義を感じられない場合は、ビジョンのあり方を見直したいところです。ビジョンが曖昧であったり、魅力的でなかったり、浸透していなかったり、あるいは目標とビジョンの間の結びつきが弱かったりするのかもしれません。

内的動機づけを上げることは、創造性にとって大切です。気をつけるべきポイントもあります。内的動機づけが高い人は、どんどん突き進みます。そのため、過度な自己中心性を生む可能性もあります。こういう人をマネジメントするのは難しいのですが、このような人が高い創造性を発揮しやすいのです。

3　誰がイノベーションを生み出すのか

極めて優れた業績を上げる人や、創造性の高い人がどのような人なのかを見てきました。確かにそのような人たちは創造する人なのですが、創造するモノは人それぞれです。芸術面で優れた新しさを生み出す人もいますし、優れた発明をする人もいるでしょう。偉大な科学的発見をする人もいます。

しかし、それらは、必ずしもイノベーションとは限りません。いくら新しさがあったとしても、経済的な価値を生み出していなければ、それはイノベーションではないからです。それでは、イノベーションを生み出す人はどのような人なのでしょう。

アントレプレナーシップとは

アントレプレナーシップという言葉を聞いたことはあるでしょうか。イノベーションを企図し、実行していく人を企業家（アントレプレナー）と言います。このアントレプレナーという言葉に「○○のあり方」という意味の接尾語のシップをつけたものがアントレプレナーシップです。アントレプレナーシップとは、「現在コントロールしている経営資源にとらわれることなく、新しいビジネス機会を追求する程度」と定義されています[10]。誰がイノベーションを生み出すのかを考えることは、アントレプレナーシップの高い人は誰かを考えることでもあります。

アントレプレナーシップというと、これまでは精神論的な側面が強調されてきました。「チャレンジしろ」とか「リスクをとれ」といった具合です。しかし、精神論が本当に重要なのであれば、イノベーションは偏在しないはずです。リスクをとってチャレンジする人は、どの社会、どの時代にも一定程度はいるはずだからです。そのために、現在では、精神論ではなく、イノベーションを企図する人の行動の特性として考えるようになりました。そして、その行動は環境の影響を強く受けるのです。

大切なポイントは二つです。最初のポイントは、「現在コントロールしている経営資源にとらわれることなく」という点です。経営資源とは、ヒト・モノ・カネです。もしも、ビジネス機会を見つけたときに、あなたに人材や技術や資金がなかったとしても、その機会を追求するために動き出すとすれば、アントレプレナーシップは高いことになります。それとは反対に、ビジネス機会を見つけたとしても、その機会を追求するための経営資源がないからと諦めるならば、アントレプレナーシップは低いことになります。

二つ目のポイントは、「新しいビジネス機会」です。特に「新しい」という点です。例えば、近所にあった美味しいレストランが移転したので、そこに新しいレストランを開店するのもビジネス機会の追求です。ただ、それがどれだけ新しいビジネス機会かというとやや疑問です。もちろん、当人にとっては新しいビジネス機会ではありますが、社会（その周りに住んでいる人たち）にとってはそのビジネスはそれほど新しくはありません。既存のビジネス機会をそれまでと同じようなやり方で追求していれば、それは新しいビジネス機会ではありません。この新しさこそが、イノベーションの源泉です。

これまで男性が多かった理由

アントレプレナーシップが高いのは、どういう人でしょう。まず、アントレプレナーシップは、性別と年齢で大きな差があることが発見されています。結論から言えば、若い男性が多いのです。

性別から考えていきましょう。新しい企業を起こしてビジネス機会を開拓するという点で見ると、世界の多くの地域で男性の方が女性の起業家の数を上回っています。数だけではありません。起業した企業の収益性や成長性といった成果で見ても、男性の起業家が上回っています。一方、女性の起業家のビジネスは、規模が小さく、成長性が低く、外部からの資金調達も小さい傾向があるのです。

ただし、これには大きな注意が必要です。アントレプレナーシップという点で女性よりも男性の方が優れていることを意味するわけではありません。これは、ビジネスにおいてそもそも女性が不利な立場にある結果だと考えられています。

女性は、ビジネスの教育や経験を積む機会が制限されていたり、ビジネス機会を開拓する上で必要な経営資源へのアクセスが限られていたりします。さらに、男性や女性といった性別ごとの社会的な役割期待の存在が、女性がビジネス機会を積極的に追求することの妨げになっています。これらの偏向を取り除いた上で、アントレプレナーシップが生来的に性別によって規定されていることを示す実証的な証拠は今のところありません。

なぜ、若い人に多いのか

アントレプレナーシップは、加齢とともに低下していきます。なぜ、若い人の方がアントレプレナーシップの程度が高いのでしょうか。

これにはいくつかの要因が重なっています。その中でも、若い人の方が「大きなチャレンジをしやすい」点は重要です。

大きなチャレンジをすれば、当然、失敗のリスクも大きくなります。リスクをとって、失敗したとしても、若ければそれを取り返す時間はたっぷりあります。シニアはそうはいきません。年齢を重ねるとともに人生設計が進んでいきます。そのため、大きな変動は避けたいところです。大きな失敗をすると、その損失を取り戻すのに十分な時間がないのです。だからこそ、若い人は大きなチャレンジをできる一方で、シニアの人は失敗するリスクを小さくしようとするのです。これは、合理的な意思決定です。

さらに、若い人がアントレプレナーシップの程度が高いのは、自分に対する過信もあるかもしれません。若気の至りです。分別がなかったり、知識や経験に乏しいこともあります。知識や経験があると、「どうせ上手くいかない」と見切ってしまうのです。知識や経験に乏しいからこそ、楽観的になれる側面もあるのです。

若い人は、体力もあります。朝まで盛大に飲み明かしたり、徹夜で勉強したりします。シニアになると無理が利きません。ビジネス機会を追求するのには、精神的にも肉体的にも体力が必要です。そのビジネス機会の新規性が高ければ高いほど、集中力や体力が必要になります。

若い人のアントレプレナーシップの高さの要因はいくつか考えられますが、そのどれが重要なのかは峻別《しゅんべつ》はついていません。しかし、シニアと比べると、若い人のアントレプレナーシップが高いことは繰り返し観察されています。

高い能力とガラスの天井

アメリカでは、スタートアップの創業者に多くの移民が見られています。そもそもアメリカには移民がたくさんいるのだから、当たり前だと思う方もいらっしゃるでしょう。しかし、人口に移民が占める割合よりも多いのです。

２０００年のアメリカの外国生まれの人の割合は人口の12%であったのに対して、１９９０年から２００５年の間にベンチャー・キャピタルから資本提供を受けた創業者のうち25%が移民だったのです[11]。人口の比率で考えると、移民の方がスタートアップをつくって、新しいビジネス機会を追求しています。さらに、パフォーマンスも悪くありません。２００６年に売上高が１００万ドル以上の研究開発型の工学系スタートアップの創業者の25%も移民だったのです[12]。

なぜ、アメリカではスタートアップに移民が多いのでしょう。想像してみてください。あなたは、真面目に勉強し、優秀な成績で大学を卒業しました。そして、名門の弁護士事務所(会計事務所でもコンサルティング・ファームでも構いません)に就職しました。ただ、どうも同僚の方が早く出世していくのです。同僚との違いは、あなたが移民の子というだけです。真面目に頑張っても、越えられないガラスの天井があるのです。ガラスの天井とは、資質や実績があったとしても一定以上の処遇を受けることを阻む障壁のことです。見た目にはないように見えるのですが、いざ通ろうとするとぶつかってしまうのです。

あなたならどうするでしょう。変わらず頑張る人もいるでしょう。ただ、「それなら、別の道を考えよう」という人も多く出てきます。これが、アメリカにおいてスタートアップに移民が多い理由です。つまり、アメリカ社会における差別が関係していると考えられています。

ちなみにここでは、実際にガラスの天井が存在しているかどうかよりも、ガラスの天井が存在していると多くの人が思っているかどうかが大切です。既存企業での昇進などにおいて、ガラスの天井が存在していると予期することで、起業を選択する人がいるのです。

差別と言うなら、性別や人種への差別もあるはずだと思う方もいるでしょう。その通りです。女性のスタートアップの少なさについては本章でも見てきましたから、少し他のマイノリティについて考えてみましょう。

移民のグループによって、起業の確率やその後の成果が異なっています[13]。例えば、アメリカではユダヤの移民たちは、アイルランドからの移民よりもビジネスで成功しています。イタリアの移民たちは、ポーランドの移民たちよりも起業が多く、メキシコからの移民はその割合が少ないのです。このような違いはフランスでも見られています。モロッコやトルコ、中国からの移民の起業の割合が高い一方で、スペインやポルトガルからの移民のそれは高くありません。

この一つの要因は、教育にあると考えられます。移民した親たちが行う子どもへの教育投資が違うのです。例えば、アジア人は比較的、子どもたちに熱心に教育投資をします。そのため、優秀な大学に進学する子どもたちも多くなります。メキシコ人の移民は、子どもの教育投資には比較的、熱心ではないようです。その結果、大学や大学院に進学する割合が移民ごとに違うのです。これがスタートアップの質に影響するのです。企業家の能力の高さは創造的破壊にとって大切です。

カリスマ性の高さ

イノベーションというとカリスマ的なリーダーがよく出てきます。スティーブ・ジョブズやイーロン・マスク、松下幸之助や本田宗一郎のようなリーダーが典型的なイメージです。カリスマ性とは、他者を魅了し、影響を与える個人が持つ特有の魅力や能力のことです。もともとは宗教の指導者などが持つ神聖な力を表すものでした。カリスマ性は、イノベーションの創造にどのような影響があるのでしょう。

まず、カリスマ性の高いリーダーは、経営資源の動員の正当性の確保に役立ちます。イノベーションを組織的に生み出すためには、ヒト・モノ・カネといった経営資源を動員することが必要です。経営資源には当然、限りがあります。新規性の高いプロジェクトに新たに経営資源を動員しようとする場合には、「なぜ、他ではなく、そこに投資をするのか」という問いに答えなければなりません。しかし、そのプロジェクトの新規性が高ければ高いほど、本当に上手く行くかどうかは事前には分かりません。だれもやったことがないわけですから、実績もありません。「そんな実績のないことに投資できない」とか「不確実性が高い」などと反対されてしまいます。つまり、〝普通〟の人にとっては、経営資源の動員の正当性の確保が難しいのです。

多くの人を惹きつけ、心酔させるカリスマ性があれば、経営資源の動員の正当性の確保に困らないのです。そのため、新規性の高いプロジェクトを行いやすい利点があります。また、そのカリスマ性の高さにより、組織のメンバーの忠誠心や凝集性を高めることもできるでしょう。

一般的には、カリスマ性の高さはイノベーションを生み出すのに上手く機能すると考えられています。しかし、カリスマ性の高さとイノベーションの創造の間にはこれまでのところ実証的には頑健な関係は見られていません。カリスマ性の高いリーダーは、経営資源の動員には成功するものの、自らのアイディアに固執する傾向もあるのです。

さらに、こちらの方がより重要ですが、カリスマ性の高い人がイノベーションを生み出したとしても、イノベーションを生み出すプロセスの中でカリスマ性を徐々に身につけたのか、そもそも最初からカリスマ性が高かったのかは上手く峻別できていません。この点を実証的に明らかにすることは学術的な研究の課題の一つです。

4 「創造的破壊」の張本人は誰か

アントレプレナーシップの高さは、イノベーションを生み出す上で重要です。ここからは、もう一歩踏み込んで、イノベーションの中でも創造的破壊の程度が大きいものを生み出すのは誰かを考えていきましょう。

ランカシャー州の小さな町で生まれたリチャードは、7人兄弟の末っ子で学校にも行けず、いとこに習って、ようやく読み書きができるようになりました。その後、リチャードは、手に職をつけるために理髪店で働き、理髪師兼かつら職人となりました。

彼は、紡績機を発明したリチャード・アークライトです。当時は、ジョン・ケイが飛び杼《とひ》と呼ばれる経糸《たていと》の間に緯糸《よこいと》を自動的に通す織機を発明し、布を織る生産性が圧倒的に向上していました。その結果、布を織るための糸が足りなくなり、糸への需要が高まっていたのです。

そこでアークライトは、糸を紡ぐ生産性をどうにか上げられないかと考えたのです。そして、紡績機の製作に取り組み、新しい水力紡績機を開発し、1769年に特許をとりました。その紡績機は紡績の生産性を大きく向上させました。その後、アークライトは自身の紡績機に改良を重ね、訓練を経ずともほぼ誰でも操作できる機械を考案し、最終的には工場まで建設し、イギリスが世界の工場になる上での（つまり、産業革命における）中心人物の一人となりました。

アークライトはもともとはかつら職人ですから、機械の発明をしていた人ではありません。ジョン・ケイは、手織機の部品を製造する親方の下で見習いをしていましたが、それをあっという間に辞めて、飛び杼を発明しました。創造的破壊は、このようないわば新参者が生み出す傾向があるのです。

良く知りすぎていることの罠

「方程式（Formula）は大切だ。新曲でもこれまでと同じやり方でいけ！」という音楽プロデューサーに対して、「方程式なんてクソくらえだ。新しいことをやるんだ！」と言い返したミュージシャンのやりとりをご存じでしょうか。これは、イギリスのロックバンドのＱｕｅｅｎを描いた『ボヘミアンラプソディー』での一幕です。

既に成功をつかんだ人は、どうしてもこれまでのやり方を繰り返します。それが、その人にとっての成功のコツだからです。ただ、これでは、同じことの繰り返しです。似たようなものはできますが、新規性の高いものは期待できません。

新参者は、はっきり言えば、素人です。素人と言うと言いすぎかもしれませんが、その道に熟達したプロではありません。
その領域に特殊的な知識は、そのままの名前ですが、領域知識（ドメイン・ナレッジ）と呼ばれています。これは、特定の分野や業界に特有の専門的な知識のことで、例えば、医療分野では、病気の診断、治療方法、薬剤の知識、患者のケアプロトコルなどのことです。それぞれの領域には、それぞれの領域知識があります。これは、一般的な知能とは異なり、教育やトレーニングで高めることが比較的簡単です。また、同じ産業や企業で働いていれば自然と身についてきます。一般的な知能と比べると、よりスキルとの関連が直接的なものが領域知識です。その道のプロと言うのは、領域知識をしっかりと身につけた人と言えます。

図４：領域知識と創造性

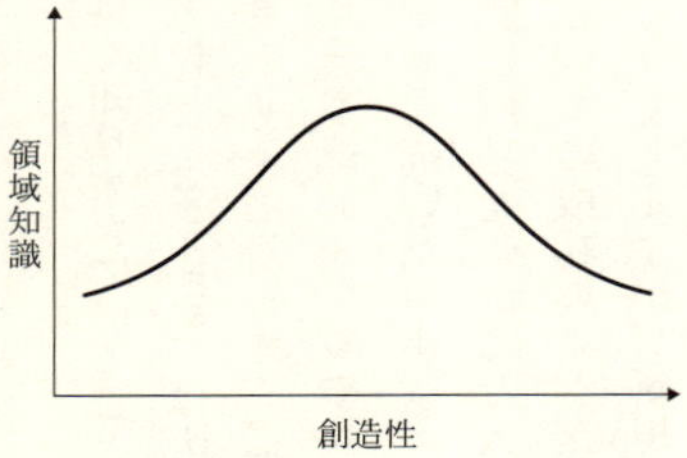

筆者作成

領域知識と創造性の間には、図４のように逆U字型の関係が見られています[14]。領域知識が欠落していると、新しいモノゴトを生み出そうとしたとしても、デタラメなことはできますが、それが有用性を持つことは期待できません。自分では「新しい！」と思っていても、それは全く新しくなかったり、過去に先人たちが試してダメだったことを知らずに試して同じ失敗を繰り返してしまうこともあるでしょう。つまり、完全に素人だとダメなのです。

領域知識が蓄積してくると、これまでのやり方についての体系的な理解ができてきます。型が分かってくるからこそ、本当の新しさを認識できるようになり、型破りが可能になるのです。ただ、今度は領域知識のレベルが高くなりすぎると、その人がその領域で生み出す創造性が逓減してきます。

逓減には大きく三つの理由が考えられます。一つ目は、領域知識が蓄積すると、それが固定観念となります。当たり前が出来上がってしまうのです。それが新しいアイディアの創造の邪魔をするのです。二つ目は、年齢の効果です。領域知識の蓄積は時間とともに多くなってきます。そのため、領域知識の高い人には、若い人は少なく、ベテランが多くなります。若い人はリスクをとりやすく、シニアはとりにくいという特徴がここにも現れていると考えられます。三つ目は、選択バイアスです。領域知識の高い人は、その領域で継続的に頑張ってきた人と言えます。「このままこの領域で続けていてもダメだ」と思った人は、領域知識が十分に高くなる前に、この領域からいなくなるからです。つまり、領域知識が十分に高い人は、今までのやり方で上手く行っていた人です。そのような人は、わざわざ自分がこれまでに蓄積してきた方程式を破壊するようなことはしないのです。

これらの三つの理由のうち、どれが主たる原因なのかを峻別することは、領域知識の水準の高さとそれにかかる時間の間に正の相関があるため、簡単ではありません。ただ、重要なのは、その領域をよく知らなくても、知りすぎていても創造的破壊は生まれないという点です。

能力破壊型と能力増強型

ここで、人から企業へと話を移しましょう。どのような企業が創造的破壊の程度が大きいイノベーションを生み出しやすいのでしょうか。

これに最初に実証的に答えたのは、コロンビア大学のマイケル・タッシュマンとコーネル大学のフィリップ・アンダーソンでした。彼らは、セメント、航空機、そしてミニコンピュータのそれぞれの産業で生み出されたイノベーションを分析し、「能力増強型」と「能力破壊型」のイノベーションの間に経験的な規則性を発見し、１９８６年に発表しました[15]。

能力増強型とは、産業の既存企業の能力をさらに強くするようなイノベーションです。既存のモノゴトを前提として、それを改善していくイノベーションと言えます。能力破壊型とは、その産業の既存企業の能力を破壊するイノベーションです。既存のモノゴトを代替する高いイノベーションです。本書のテーマである、創造的破壊の破壊の側面が強く出るものです。

タッシュマンらは、能力破壊型のものは新規参入企業によってもたらされる傾向がある一方で、能力増強型のものは既存企業によって生み出される傾向があることを発見したのです[16]。

セメント産業が良い事例です。セメントは、石灰と粘土を混ぜて回転式の窯で焼いて出来上がったものを、粉砕してつくります。このつくり方を刷新するイノベーションが1896年に開発されました。燃料として粉末の石炭を燃やすプロセスが開発されたのです。これにより、セメントの製造に使われる回転式の窯が効率的に活用できるようになったのです。これは当時の既存のセメントメーカーの能力を破壊するほどのイノベーションでした。これを開発していたのは、新規参入企業4社であり、既存企業で開発していたのはわずかに1社でした。

もう一つ例を出しましょう。1935年にダグラス・エアクラフト（現在のボーイング）はDC－3という新しい航空機のデザインを生み出しました。世界で最初の大型で輸送力の高い機体であり、これによって多くの乗客や荷物を経済的に運ぶことが可能になりました。それまで航空機の需要は軍関係のものがほとんどだったのですが、このイノベーションのおかげで民間での空の旅が実現され、民間の空の需要が広がったのです。DC－3は既存の航空機メーカーの累積的なイノベーションを基礎にしているものであり、既存のメーカーの能力を破壊するものではありませんでした。このDC－3と同様のタイプの開発を行っていたのは、全て既存企業であり、新規参入企業でそれを行っていたのは1社もなかったのです。

能力破壊型のイノベーションは新規参入企業からもたらされる傾向がある一方、能力増強型のイノベーションは既存企業からもたらされるというパターンは、その後、さまざまな領域で繰り返し観察されています[17]。

企業の正しい意思決定が生むイノベーターのジレンマ

なぜ、このようなパターンが生まれるのでしょう。これに上手く答えたのは、ハーバード大学のクレイトン・クリステンセンでした。破壊的なイノベーションによって、リーダー企業の競争力が陳腐化するという現象があります。彼は、これをイノベーターのジレンマと名づけました。そして、ハードディスク産業の歴史を調べたクリステンセンは、このようなパターンが繰り返し見られる理由を、企業の合理的な競争戦略に見つけたのです。

企業は競争の中で、顧客に選ばれなければなりません。投資家や債権者、従業員や地域社会といったステークホルダーも満足させなければなりません。既存企業は、程度の差はありますが、それを上手くやれているから生き残っているのです。

特に、リーダー企業は最も効果的、効率的に、既存のビジネスを構築してきた企業です。だからこそ、リーダー企業は、既存の製品やサービスを洗練させるために投資をする方が、高い利益率が期待できるのです。期待利益率が高いビジネスへの投資は、企業の意思決定の基本です。

既存企業で働いている人の中には、既存のビジネスを抜本的に変革するかもしれないけれど、もっと良い新しいやり方があるのではないかと気がつく人もいます。ただし、アイディアを思いついたとしても、それが社内で実行に移されるかは分かりません。

なぜなら、そもそも、将来、自社の競争力を脅かすかもしれない新規性の高い技術が出てきたとしても、それが生み出された当初は、おもちゃのような試作品であり、粗雑でコストも高いのです。既存のものと比べると、はっきり言って、劣っているのです。

しかも、新規性の高い技術は結果的には失敗に終わることがほとんどです。イノベーターのジレンマは新規性の高い技術が結果的に古いビジネスを陳腐化させたものです。自動車が馬車にとって替わり、デジタルカメラがフィルムのビジネスを陳腐化させたり、ビデオ・プレイヤーがストリーミングにより破壊されたりと、有名な事例がたくさんあります。しかし、新しい技術が既存の製品やサービスを代替することの方が稀です。新しく生み出された技術が結果として上手くいかなかったケースは注目もされません。話題に上らず、私たちが目にすることがないだけなのです。

上手くいくかは分からない不確実な劣ったモノに投資をするよりも、これまで構築してきた自社の既存の製品やサービスに投資をし、より良いものを顧客に届けるための投資をした方が期待収益率は高くなるのです。だからこそ、リーダー企業はこれまで自らが構築してきたモノゴトに投資をするのです。

新規参入企業は、既存企業とは異なるスキルセット、経験、ネットワークを持っているでしょう。既存のパラダイムや凝り固まった利害に縛られることがないため、より創造的に考えることができます。

そして、なにより重要なのは、新規参入企業は、既存企業と同じ土俵（既存企業が蓄積してきたノウハウなど）で競争していてはなかなか勝てないのです。だからこそ、新規参入を試みる企業は、能力破壊型のイノベーションを生み出そうと既存のモノゴトを前提としない「より良いやり方」へ投資するのです。既存企業の能力を陳腐化するような破壊型のイノベーションとともに新規参入できた企業がその後に競争力を身につけられるのです。

補完的な関係

ここで一つ注意点があります。能力破壊型のイノベーションの方が重要であり、それこそが目指すべきイノベーションであると考えられがちなのですが、これは必ずしも正しくはありません。確かに、日本企業は累積的なイノベーションには長けているものの、ラディカルなイノベーションは少ないと考えられています。能力増強型は多いけれど、破壊型は少ないというわけです。その理由の一つは、日本の産業の新規参入の少なさにあります。業界の顔ぶれが何十年も前と変わらないところでは、大きなイノベーションは期待できません。新規参入企業（スタートアップだけでなく、既存企業でも新規参入はありえます）が産業のダイナミズムを生むのです。

しかし、これは既存のモノゴトを洗練させていくイノベーションの重要性の方が小さいことを意味しません。アメリカの1983年から2013年までのデータを分析してみると新規参入企業による能力破壊的なイノベーションよりも、既存企業による累積的なイノベーションの方が雇用の創出や経済成長への貢献が大きいということも観察されていますので、新規参入企業の過大評価には気をつけたいところです[18]。

また、能力破壊型と能力増強型のイノベーションは、補完的な関係でもあります。新規参入企業が能力破壊型のイノベーションを生み出し、競争力を構築すると、その企業は自分のビジネスを洗練させるようになるのです。既存企業は、新規参入企業に競争力を破壊されないように、自らのビジネスを改善します。お互いに競争するからこそ、社会全体での生産性向上につながります。これは帆船効果と呼ばれるものです。第4章でまた出てきますので、頭の片隅において読み進めて下さい。

【第2章　まとめ】

創造する人はどういう人なのか。これは、イノベーションについて多くの人の関心を集めてきたテーマです。

本章のここまでの話をまとめると、イノベーションを生み出しやすいのは、恵まれた環境に育った若い男性で、子どもの頃から優秀で、開放性や外向性の高いパーソナリティを持っている人です。そして、そのような人が内的に動機づけられ、そして、何らかの差別により自分に機会が均等に与えられていないと感じ、新しい領域に新規参入する時に創造的破壊の程度の高いイノベーションを生み出しやすいということになります。

しかし、本章で見てきたように、それほど話は簡単ではありません。このような特徴が表れているのは、環境の影響が強いのです。例えば、保護者の所得が高い子どもは、将来優れたパフォーマンスを出せる傾向があるのですが、これはたまたま所得の低い保護者の下で育った子どもには機会が均等に与えられていないことを意味しています。イノベーションを生み出すのが男性に多い傾向があるのは、生得的に男性が有利だからではなく、ビジネスの環境が女性に好意的なものではなかったからです。

イノベーションというと、どうしても、それを生み出す人には他の人にはない才能がそもそも備わっていたのだと考えがちです。しかし、より大きな視点に立つと、むしろ環境が重要だということが分かります。ある特定の特徴を持つ人がイノベーションを生み出す傾向をつくっているのは環境なのです。

第3章　破壊される人は誰か

ガラス吹きには、加熱や冷却など温度の繊細なコントロールが求められます。成形や色つけなどにも高度な技術が必要です。このようなスキルは機械化できないと思われていましたが、今ではほとんどのガラス製品は機械でつくられています。トラクターは農業の生産性を飛躍的に向上させましたが、農作業に必要な馬や牛、ラバ、そして人までも減らしました。街に電灯が広がり、それが集中制御されるようになると、ガス灯に明かりを灯す点灯夫は必要なくなりました。洗濯機が普及する前には、洗濯を請け負う洗濯婦がいました。かつてはサイレント映画を上映するときには、劇場で演奏家たちが音楽を演奏していたのですが、もちろん、現在ではそのような職業はありません。

イノベーションによって社会からなくなった職業は枚挙に暇がありません。イノベーションによって、その職業についている人のスキルが破壊されたのです。このような破壊はこれからも予想されています。

現在、トラックの運転手はアメリカでおよそ350万人、日本では84万人います。物流需要の拡大から、トラック運転手に対する需要は伸びています。運転手が足りない状況です。ただ、トラック運転手は自動化によりそのスキルが代替されるリスクに直面もしています。特に、基幹路線を走る長距離の運転手は、自動運転にとって代わられるかもしれません。

ここでは、どのようなスキルがイノベーションによって破壊されやすいのか、また、実際にどのようなスキルが破壊されてきたのか、そして、その人にどのような影響があるのかを見ていきましょう。

1 誰が破壊されやすいのか

どのようなスキルがイノベーションによって破壊されやすいのでしょう。イノベーションは、程度の差はあるものの、既存のモノゴトを創造的に破壊するのです。ただ、やみくもに破壊するわけではありません。そこにもパターンがあるのです。

なぜ労働力を節約するイノベーションがインパクトを持ったのか

少し歴史を振り返ってみましょう。イノベーションが持続的に生み出されるようになったのは、18世紀中頃から始まるイギリスでの産業革命からです。ジョン・ケイの飛び杼、ジェームズ・ワットの蒸気機関、ジェームズ・ハーグリーブスのジェニー紡績機、エドモンド・カートライトの自動織機、イーライ・ホイットニーの綿繰り機、サミュエル・クロンプトンのミュール紡績機、ジョージ・スティーブンソンの蒸気機関車、ヘンリー・ベッセマーの鋼の精錬法などはイギリスの産業革命を代表するイノベーションです。

産業革命期のイノベーションにはある特徴があります。重要な発明の多くは、労働力を節約するイノベーションだったのです。労働力を節約するということは、簡単に言えば、人間の労働を機械が代替するということです。

もちろん、労働力を節約するような発明は、数の上で他の発明（例えば、製品の品質向上のための発明）よりも圧倒的に多かったわけではありません。1660年から1719年に労働力を節約する特許は7・3％だったものが、1790年から99年には21・6％に増えていました。実際にその数は増えているのですが、まだ、五つに一つの割合だとも言えます[19]。

ただし、産業革命期の注目点は、発明数の単なる増加ではありません。汎用性の高い技術が生み出され、それがさまざまなところで使われたことと、イノベーションの連鎖が起きたことによって、生産性向上のトレンドが上方にシフトしたことが重要です。

なぜ、このようなイノベーションが多かったのでしょう。オックスフォード大学のロバート・アレンは、二つの理由を指摘しています。

一つ目の理由は、資本の価格に対する相対賃金の上昇です。図5は、オーストリア、イギリス（イングランド）、フランス、そしてインドの当時の資本価格に対する相対賃金の推移を示しています。資本価格とは、資本を調達するときにかかるコストのことです。借り入れに対する利子の支払いや、株式に対する配当や株主が期待する株価上昇がそれに当たります。

この図から分かるように、イギリスの相対賃金は1630年頃から徐々に上昇していたのです。一方、当時の科学技術をリードしていたフランスやオーストリアでは相対賃金はそれほど上昇していませんでした。

人件費が上がると、多くの労働者を雇用している企業家は困ります。なかでも、圧倒的に人数が多いのは工場労働者です。人件費の上昇により、多くの労働者を雇用するよりは、資本を投入して、人件費を削減するような（少ない労働投入量で生産できるような）機械を導入する方が得になったのです。労働投入量を削減するような機械を発明できれば、企業家がどんどん導入してくれるという状況がイギリスで生まれたのです。だからこそ、イギリスの産業革命では、労働節約的な発明が相次いだのです。

この図では右下の端の方にポツンと示されているだけですが、インドは相対賃金が安く、イギリスと対象的です。そのため、インドの企業家には投資をして労働力を削減するような機械を導入するインセンティブはなく、むしろ、安い労働力をできるだけ多く投入して生産する方が合理的でした。

図5　資本価格に対する相対賃金

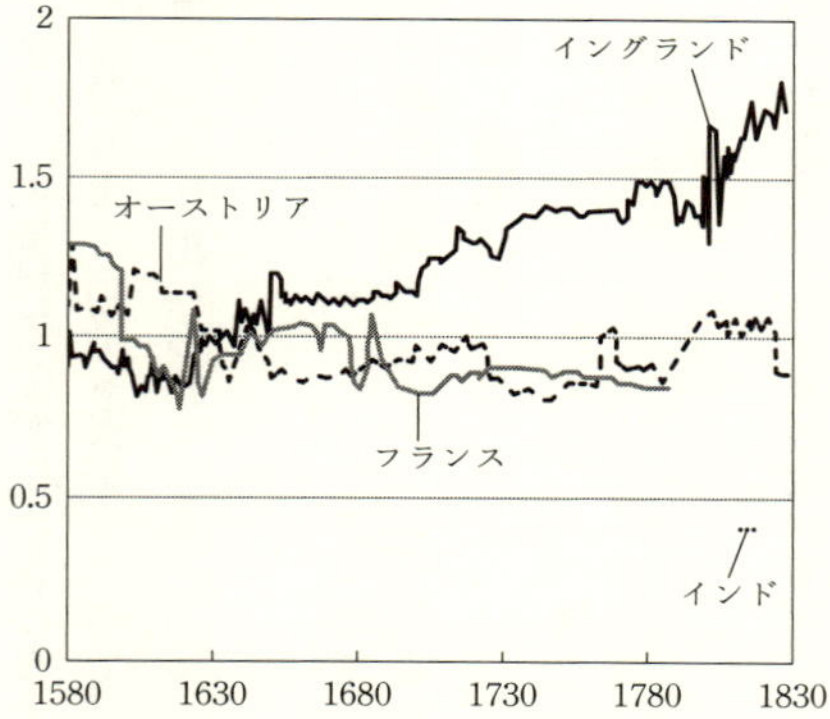

出所：（Allen, 2011）図7, p31 を参考に著者作成

イギリスの機械の品質は当初は良くありませんでした。インドの安い人件費を使った綿の方が品質もよく価格も安かったので、競争にならないほど人気でした。しかし、イギリスで機械の改良が重ねられていき、次第にイギリスの綿がインドを品質面でも価格面でも凌駕《りょうが》したのです。

二つ目の理由は、エネルギー価格です。例えば、フランスや中国では、石炭の価格が高かったため、賃金を削減するような機械を導入したとしても、企業家が利益を上げられる見込みが少なかったのです。ところが、イギリスは、他の国よりも炭鉱に恵まれ、石炭の価格が安かったのです。だからこそ、機械を導入して、安価な石炭を使い、高い労働力を代替するインセンティブがイギリスでは存在したのです。

儲かる期待がイノベーションを呼ぶ

産業革命期のイギリスで労働力を節約するイノベーションが多かったのは、人件費が高く、資本が安かったため、資本を投入して人件費を下げる新しい機械を導入すれば、経営者は儲かる状況があったからです。資本が高く、人件費が安ければ、多くの資本を投入して、労働力を節約する機械を導入しても、儲かりません。そのような場合には、資本を節約して、多くの人を雇用してビジネスが行われます。その方が儲かるからです。大切なポイントは、労働力の削減がビジネス・チャンスだったことです。

日本の文脈で考えてみましょう。日本では優れた省エネ技術がたくさん生み出されてきました。高効率石炭火力発電や銑鋼一貫臨海製鉄所、自動車産業では軽自動車、ハイブリッド車、白物家電ではエネルギー効率の良い冷蔵庫やエアコンなど、画期的な省エネ技術は枚挙に暇がありません。

日本で省エネ技術が多く生み出されてきたのは、「もったいない」精神が日本人にしみついているからではありません。日本ではエネルギー価格が高かったことが理由です。エネルギー価格が高いので、それを節約するような新しいモノゴトを生み出せば、経済的な価値につながりやすかったのです。

一方で、日本は比較的、水資源に恵まれています。そのため、水を節約する技術はそれほど生み出されてきませんでした。もしも、「もったいない」精神が日本人にしみついているのであれば、もっと水を節約するイノベーションが出てきてもおかしくないのです。エネルギー価格が高かったからこそ、エネルギーを節約するイノベーションが起きたのです。

創造的破壊は、人や原材料といった生産要素の中で相対的に価格が高いところで起こる傾向があります。その生産要素の使用量を削減できれば大きなビジネス・チャンスになるからです。つまり、人のスキルの破壊は、その破壊が誰かのビジネス・チャンスになっている時に起こるのです。

参入障壁が低いところで起こるイノベーション

ただし、ビジネス・チャンスがあれば、創造的破壊が常に起こるわけではありません。前章で見たように、既存のモノゴトを大きく代替する、つまり破壊の程度の大きいイノベーションは、新規参入企業から生み出されやすい傾向があります。

そのため、創造的破壊が起こるかどうかは、新規参入の程度に左右されます。いくら、ある生産要素の価格が高くなっていたとしても、そこに新規参入がなければ、既存のモノゴトを代替するようなイノベーションはあまり期待できません。

新規参入の程度は、参入障壁の高さで決まります。ということは、既存の企業がそのビジネスを破壊されないようにするには、参入障壁を高めれば良いのです。

参入障壁とは、その名の通り、参入しようとする企業の障壁となるものです。ハーバード大学のマイケル・ポーターは参入障壁として次の七つを挙げています[20]。基本的な考え方は、これらの要因が強ければ強いほど、その産業への新規参入が難しくなるというものです。

ここでその七つをざっと見てみましょう。

①規模の経済性：生産規模が大きいと、生産コストが低下します。これを規模の経済性やスケール・メリットと言います。

②差別化の程度：既存企業の製品やサービスが特徴的であることです。

③巨額の投資：産業に参入するための初期投資が大きい場合です。

④仕入先を変えるコスト：顧客が供給元を変更する際のコストが高い場合です。
⑤流通チャネルの確保：既存の流通チャネルが確保されている状況です。
⑥規模とは無関係なコスト面での不利：既存企業が特許や希少な資源を占有していることです。
⑦政府の政策：政府の規制や補助金の存在です。これらの要因が強ければ、参入障壁は高まり、新規参入のハードルが上がります。

マイケル・ポーターが提唱したこの参入障壁は経営学でよく知られています。企業の競争戦略を構築する時の、基本的な考え方になっています。一方で、これに対して、経済学者のジョージ・スティッグラーは異なる考え方をしています。スティッグラーは参入障壁を「新規参入企業だけが負担し、既存企業が負わないコスト」と考えています。この考え方に基づくと、ポーターが参入障壁とした要素の多くは、実は参入障壁とは言えないのです。

一つ例を挙げて考えてみましょう。ポーターは、「差別化の程度」は参入障壁になると考えていました。既存企業の製品やサービスが差別化されていれば、新規参入は難しくなるわけです。しかし、差別化のための能力構築にかかるコストが、既存企業と新規参入企業の間で違いがない場合には、それは参入障壁にはならないのです。

それでは、スティッグラーの考えでは何が参入障壁となるのでしょうか。それは、新規参入企業と既存企業間の「非対称なコスト」です。例えば、経験曲線効果です。これは、既存企業が長年の経験やノウハウを通じて獲得した学習によるコストダウンです。この効果が強い場合、新規参入企業はどれだけの投資をしても、既存企業とのコスト差は埋められません。簡単に言えば、スティッグラーの考え方は、新規参入企業と既存企業の間のコストの差こそが真の参入障壁であるというものです。

少し話がそれてしまいました。話を戻して、ここまでをまとめましょう。ここでは、どのような状況で、イノベーションが人のスキルを破壊しやすいのかを考えてきました。人のスキルが破壊されやすいのは、労働力を節約することが企業にとって儲かる状況で、なおかつ、参入障壁が下がっている場合です。ここでさらにグローバル化について見ていきましょう。創造的破壊は国境を越えてもやってくるのです。

グローバリゼーションの進展

ビジネスのグローバル化が進むと、破壊的なイノベーションは国境を越えてやってきます。オフショアリングはグローバル化の良い例です。オフショアリングとは、業務の海外移転です。海外に工場を移したり、バックオフィス業務などを移したりすることはよく行われています。ヒト・モノ・カネといった経営資源をより安価に調達できるところに、ビジネスは移っていきます。

これは、一見すると、イノベーションとは関係ない破壊のようにも思えます。しかし、新興国や発展途上国の企業が、これまでのやり方を変え、新しいモノゴトを導入し業務移転を受け入れられる状況を構築したから起こるものです。オフショアリングは、国内の工場労働者にとっては、自らの職が海外の労働者に奪われたことになります。

国境を越えてやってくるのはオフショアリングだけではありません。経営資源が安価な国や地域からの製品により、自社の製品が代替されることは珍しくありません。高度経済成長期そして、オイルショック後から1990年代までの日本の企業は安価で質の高い製品を世界へ輸出し、当時の先進国の企業の製品を代替していったのです。これは日本企業が海外のベストプラクティス（最善の方法）から学び、洗練させていったために可能になったことです。

チャイナショックと呼ばれる中国の製品の輸出拡大もまさにこれです。2001年12月の中国の世界貿易機関（WTO：World Trade Organization）加盟から、世界中で中国製品の輸入が拡大しました。特に、アメリカでは中国からの輸入は、対中輸出を大幅に上回り、アメリカの製造業に大きな影響が出ました。中国からの輸入が増えるにつれて、アメリカの製造業の雇用者数が減っていたのです[21]。さらに、アメリカの特許出願件数が減っていることも観察されています[22]。特に、中国からの輸入が大きくなった産業では、アメリカ企業の売り上げは減少し、研究開発も縮小していきました。アメリカの製造業は中国企業との競争において脆弱《ぜいじゃく》であり、中国企業と代替的な関係にあったアメリカ企業の競争力は低下しました。

その結果、そこで働いていた人たちの職が破壊されたのです。

2　どのような人が破壊されてきたのか

もう少し具体的にどのような人のスキルが破壊されてきたのか、そして、今後、破壊されようとしているのかを見てみましょう。

二極化するスキル

マサチューセッツ工科大学のデビッド・オウターらは、1980年から2005年にかけてのアメリカにおける雇用と賃金の変化をスキルごとに示しています[23]。図6の二つのグラフの横軸は同じで、スキルの高さを0から100のパーセンタイルで表しています。0から100に向かうにしたがって、スキルは高くなっていきます。

上のグラフの縦軸は、スキルの高さによってアメリカの雇用に占めるシェアが1980年から2005年にかけてどのように変化したのかを示しています。0の場合には変化なしです。ここから、まず、スキルがそれほど必要ない職に就く人と、高スキルが必要な仕事に就く人が増えている一方で、中程度のスキルの職業に就く人は減少しています。低スキルの職業の典型は、介護などのパーソナルケア、清掃、警備員、肉体労働などであり、中程度のスキルのそれは、工場で働く人や一般的な事務職員、営業などの職業です。高スキルを必要とする典型的な職業は、専門職や技術者、あるいは経営者などです。

中程度のスキルに就く人がアメリカで少なくなってきたのは、これらの職務が本国で少なくなってきたことが原因です。製造業が生産プロセスを自動化させ、省力化したり、海外に生産拠点を移したりした結果です。もっと直接的にイノベーションにより破壊されたものも

図６　スキルの両極化

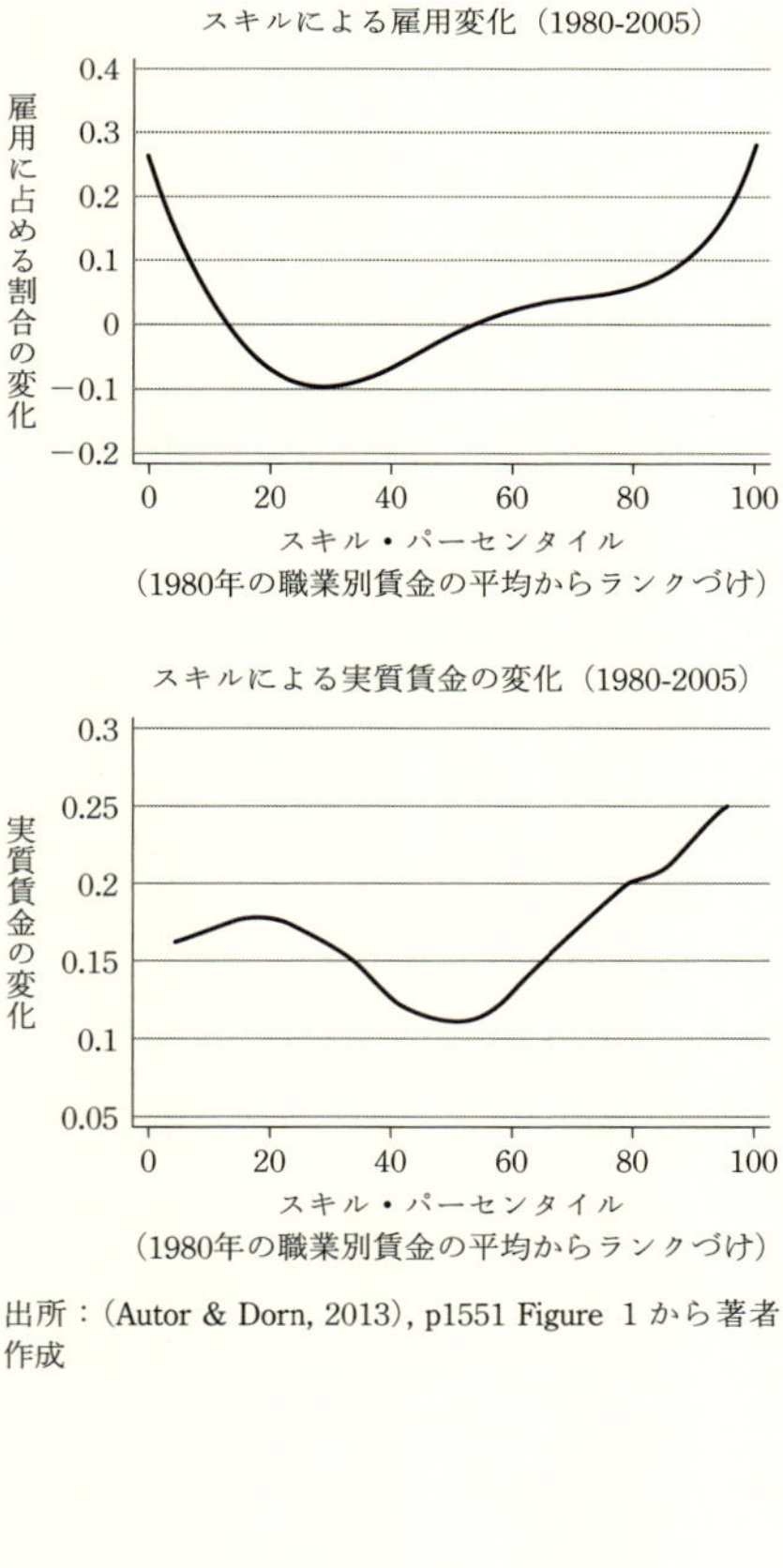

出所：（Autor & Dorn, 2013），p1551 Figure 1から著者作成

もちろんあります。典型的な例は、工場での溶接作業です。溶接は構造物の品質を左右する重要なプロセスです。そのため、溶接作業には資格が必要で、なおかつ熟練も求められるタスクです。しかし、工業用ロボットが工場に浸透すると、多くの溶接工の労働者が職を失いました。

ここで疑問が生じます。低スキルの職業に就く人は減っていないどころか、増えています。なぜでしょうか。中程度のスキルが減ってきているのだから、低スキルはそれ以上に減っても良さそうです。

これは大きく二つの原因があります。一つ目の原因は、定型的なタスクが多い職業ほど、イノベーションによって代替されやすいことです。定型的な仕事とは、ある決まったパターンで仕事が進められるものです。例えば、図書館の業務の多く（本の貸出や返却の手続き、書架の整理など）は定型的な仕事です。非定型的な仕事とは、例外的な事象が多く、パターン化が難しいものです。中程度のスキルが必要な職業には、定型的なタスクが多く存在しています。そのため、自動化するイノベーションによってそのスキルが破壊されたのです。

高いスキルが必要な仕事にも定型的な部分はあります。それらは、自動化される可能性があります。例えば、銀行員では住宅ローンの担保の評価や融資額の決定、医者では患者の病歴の取得や文書化、一部の診断、弁護士の場合には契約書の作成やレビュー、法律や判例の調査などです。

一方で、高いスキルは不要だけれど、自ら手を動かしながら複雑な状況判断を必要とされる仕事があります。例えば、介護の現場では被介護者の状況はさまざまです。子どもたちが自由に遊び動く保育の現場は、非定型的なタスクだらけです。ペットのトリマーの仕事も非定型的なタスクが多い仕事です。ハウスキーパーの仕事も、部屋のかたちや汚れ具合も違います。非定型的な仕事が多いのです。

もう一つの理由は、低スキルの人の賃金が低いことにあります。図５の下のグラフは、賃金の変化を表しています。働く人の中に占める割合を表している上の図では、低スキルの人たちのシェアは高まっている一方で、その賃金は上がっていません。賃金が上がらないのは、その職業を求める人たちが多いからです。イノベーションによって代替された中程度のスキルの職業についていた人たちが、スキルの低い職業に移ってきています。また、移民の一部もスキルの低い仕事を求めています。賃金が低ければ、その労働者を削減しても儲かりません。むしろ賃金の低い人を多く雇ってビジネスをする方が儲かるのです。

定型的な仕事がなくなる

オックスフォード大学のカール・ベネディクト・フレイとマイケル・A・オズボーンらは、将来、どの程度の職業が自動化されるのかを推定しています[24]。イノベーションに代替される職業が何かを推定したのです。

現在のアメリカの702の職業の内容を調べたところ、およそ47％は自動化されるリスクが高いという予測を彼らは得ています[25]。次の図7は、それぞれの職業の雇用の大きさと自動化されるリスクを表したものです。702の職業を12のカテゴリーにまとめています。縦軸はアメリカにおける2010年の雇用者数を積み上げグラフで表しています。横軸は、その職業の中で自動化されるリスクを示しています。右側に行くほど、自動化のリスクが高いことを意味しています。多くの人が働いていて、なおかつ自動化のリスクが高いのは、輸送・物流業や生産に従事する人たちです。オフィスの事務職も自動化のリスクが高い職業の一つです。

同じカテゴリーの職業の中でも、仕事のプロセスの中には定型的なものと非定型的なものがあります。例えば、法律サービスを提供する職種でも、訴状や契約書の草稿作成や判例検索などを行うパラリーガルと、説得や交渉を行う弁護士とでは、タスクの内容が違います。そのため、同じ職業の分類であっても、イノベーションにより代替されるリスクには違いが出ています。

レストランも、どのような客層の店かによってその店員のスキルの自動化のリスクは変わります。客のエスコートやちょっとしたおしゃべり、わがままな注文などへの対応が必要な場合には、それらは非定型的な仕事になります。それらが必要ではない場合には、店員の仕事の一部は自動配膳システムや、注文用のタブレット、自動会計システムなどに代替されて

図７　自動化のリスクが高い職業

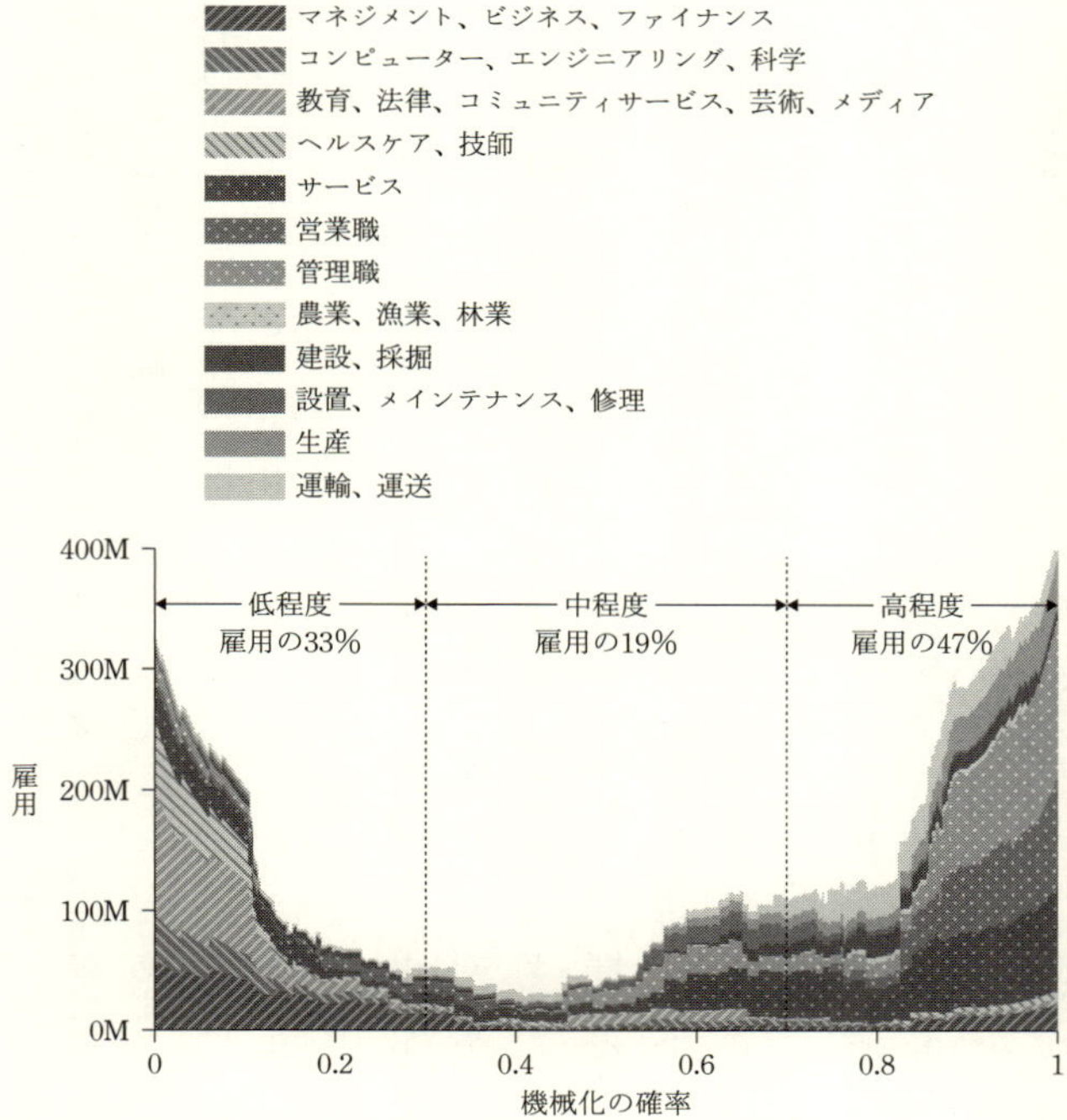

出所：(Frey & Osborn, 2017)、p267の図３から著者作成

います。そのために、同じ職業カテゴリーでも自動化のリスクには違いがあります。また、輸送とロジスティクス、管理部門のスタッフ、および工場での生産を担う人たちのタスクも自動化される可能性が高いという結果でした。これらはあまり直観に反さないかもしれません。自動車の自動運転技術の開発は進んでいますし、管理部門の定型的な業務は自動化されやすいでしょう。また、産業用ロボットは高度化しており、非定型的な手作業すらもこなせるようになってきています。

さらに、彼らの予測では、建設業やサービス業でも雇用のかなりの割合が自動化されることを示しています。これらの業種は、人間の複雑な移動や細かな手作業などがあるため、当初は自動化は難しいと考えられてきました。しかし、ロボット技術はすごい速さで進展しています。それを考慮すると、移動や器用さについての人間の優位性は、徐々に低下していき、機械に代替されていくと考えられています。建設業では、プレハブ化も建設作業の定型化を後押ししています。サービス業では、対話を伴うものも多いのですが、対話の中身は必ずしも、高度な社会的な文脈を踏まえたものばかりではありません。単純な情報の交換も多いのです。それについては、コンピューターにより代替される可能性が高くなります。

最もイノベーションによって代替されにくい職業は、「芸術性」、「独創性」、「交渉力」、「説得力」、「社会的知覚力」、「他者への援助と気遣い」などが重要になるものです。これらの多くは人間を相手にするものであり、社会的な文脈に根差した知性が必要になるものです。

ちなみに、自動化によって代替される確率が最も高いのはテレマーケティングで、反対に確率が最も低いのはレクリエーションセラピストでした。

AIに仕事を奪われるのか

2022年12月、サンフランシスコのオープンAI(OpenAI)社がChat GPTをリリースしました。自然言語でやりとりができるChat GPTのインパクトは大きく、わずか2か月でアクティブ・ユーザーの数は1億人を超えました。このようにプログラミングのコードや文章、音声、画像などを生み出せる人工知能は生成AIと呼ばれています。

生成AIは、ホワイトカラーやクリエイティブな仕事に就く人のスキルを代替するのではないかという懸念が広まっています。生成AIの本格的な浸透はこれからです。そのため、生成AIがどのような変化をもたらすかの考察はあくまでも予測になりますが、これまでの歴史から考えると、新しい技術による代替は起こると考えるのが妥当です。スキルの代替や、それによる賃金低下、職を失う人が出てくるでしょう。

このような代替は、社会全体を考えれば好ましいものです。生産性の低いモノゴトが、より生産性の高いモノゴトに置き換わるからこそ、経済的な価値が生まれるのです。

生成AIが大きく注目される理由の一つは、その汎用性の高さにあります。汎用性の高い技術は、ジェネラル・パーパス・テクノロジー(GPTs:General Purpose Technologies)とも呼ばれます。これは、簡単に言えば、さまざまな領域で使われる技術です。蒸気機関やロボティックス、レーザーや半導体などが典型的な例です。いろいろなところで既存のモノゴトをより生産性の高いものに置き換えていくからこそ、経済全体へのインパクトが大きくなるのです。

イギリスで起きた産業革命の中で、特に重要だった技術は蒸気機関です。最初は、蒸気機関は炭鉱で使われていました。炭鉱を掘っていくと地下水が出てきてしまうので、その水をくみ上げる必要があります。この排水ポンプ用として蒸気機関は使われるようになりました。蒸気機関は、さらに工場の動力や蒸気機関車や蒸気船など、多くの領域で使われるようになったのです。もしも、蒸気機関が炭鉱にだけ留まっていたとしたら、波及効果は限定的です。産業革命が産業革命たりえたのは、新しい汎用的な技術によってさまざまな領域の生産性が向上したからです。

人工知能も、さまざまな領域での利用が考えられているからこそ、大きな生産性の向上が期待できるのです。製造業では自動化が加速し、さらに省人化が進むでしょう。金融や法曹界、あるいは医療でも、これまで人が行ってきた定型的なプロセスの置き換えが起こるでしょう。教育も変わるでしょう。教員が体系的に蓄積された知識を伝えるエージェントに留まるのであれば、その役割は生成AIの方が効率的、効果的になるでしょう。

AIが脅威にも見られているもう一つの理由は、非定型的な仕事にまで破壊が広がるのではないかと考えられているからです。よりクリエイティブな仕事も定型化され、自動化の技術で置き換えられるかもしれません。これは今後のＡＩの技術の進歩によります。私たちが、非定型的な仕事だと思っていたものでも、それを機能別に分化していくと、その一部を定型的な仕事に置き換えることができるかもしれません。

時間割引率が高いと自己投資できない

自分のスキルが陳腐化すると感じた時に、すぐに対応できる人は心配ありません。しかし、そういう人ばかりではありません。

夏休みの宿題や気の進まない仕事、エクササイズなど、やらないといけないことは分かっているのだけど、どうしても先延ばしにしてしまう。誰でも経験はあるのではないでしょうか。先延ばしにして何をしているのかと言えば、ゲームをしたり、動画を見たり、おやつを食べたりしています。わざわざ大切なことを先延ばしにしてまで、今やらなくてもいいことをしてしまうのです。

現在の快楽を優先して、大切なことを後回しにしてしまう意思決定は、時間割引率が高いものと言えます。時間割引率とは、将来得られる価値を現在の価値に換算する時に使うものです。将来得られる価値を、現在の価値に換算する時に、どれだけ割り引いて考えるかが時間割引率です。

短期的な利益を大きく見積もり、長期的な利益を小さく見積もる人は、時間割引率が高いということになります。つまり、夏休みの宿題を最後まで残し、遊び惚けているのは時間割引率が高い人なのです。

創造的破壊により自分のスキルの代替が起こるかもしれないと感じたときに、「それは困るから、自分のスキルをアップデートしよう」とさっそく動き出す人は、心配ありません。自分で、より生産性の高い領域へ動いていってくれます。

現在得られる価値を過大に評価する傾向がある人は、教育や健康など、将来に利益を生むために現在のリソース（時間や努力）を割かず、自分に対する投資をしないのです。大型の投資であればなおさらです。スキルのアップデートやキャリア・チェンジの必要性をうすうす感じていたとしても、それに向けて動き出せないのです。

定型的な仕事をしている人で、時間割引率の高い人は注意が必要です。このような人は、創造的破壊によって自分のスキルが破壊されそうな兆しに気がついたとしても、腰が重く、なかなか対応できません。

時間割引率が高い人はどうしたら良いのでしょう。即効性のある処方箋はありませんが、自分の時間割引率の傾向を理解することは大切です。時間割引率は、所得や教育、あるいは健康の水準とも大きな関係があります。低所得の人たちや、教育水準が低い人たちには、即時の報酬を高く評価し、将来の利益を低く見積もる傾向がみられています。運動や健康的な食事を選ぶよりも、短期的な快楽を選んでしまうので、健康も害しやすくなります。よって、教育や健康への投資が将来的な収入や生活の質を高めるために重要だということと、ついつい先延ばしにしがちである自分の意思決定の傾向、その二つを認識できれば、それを意識して回避することができるかもしれません。

羊の仮面をかぶってやってくる

自分のスキルが陳腐化するかもしれないと思っても、「いやいや、大丈夫でしょ」と安心したくなる気持ちは分かります。イノベーションを生み出す側も、人のスキルを破壊しようと思っているわけでもありません。

発明家たちは自分たちの発明によって労働力が必要なくなる（つまり、自分たちの発明がスキルを破壊する）とは言いません。そんなことを宣伝するのは逆効果であり、むしろ雇用を創出すると売り込みます。例えば、イギリスの発明家のジョン・ワイアットは、紡績機械の開発をし、史上初のローラー紡績機を製造しました。これは大成功したのですが、その売り出し文句は、これを使えば、未熟練の女性や子どもでも工場で働くことができるというものだったのです。確かにウソではありません。工場の経営者は賃金の高い熟練工をクビにして、女性や子どもに切り替えられるので、利益が出ます。またその地域の教会にとってもこれは望むところでした。女性や子どもが働けるようになれば、これまで行ってきた貧民の救済を削減できるのです[26]。

イノベーションを浸透させようと考える人たちは、「これは、既存のスキルを代替するものではなく、むしろ、補完的なもの」とか「より生産的な仕事をしてもらうためのもの」と言います。これは本心でしょう。「人の仕事をとってやろう」と思って新しいモノゴトを発明する人はおらず、むしろ、「もっと良いやり方があるはずだ」と考えているのです。

「より生産性の高い仕事が生まれる」の裏側で

イノベーションにより、短期的にはスキルが破壊される人が出てしまうものの、長期的にはより生産性の高い仕事が生まれます。これもイノベーションを推進したい人たちが良く言います。確かに、これにもウソはありません。

より生産性の高い仕事が実際に生み出されます。ただし、それを手にするのは、多くの場合、自分のスキルが破壊された人ではありません。別人です。スキルが破壊され、所得が下がったり、生活が大きく壊された人の多くは、そのまま一生を終えるのです。この点について、イノベーションを売り込む人は、沈黙するのです。

1880年代からシカゴやニューヨークでは高層ビルが建ち始め、街の景色は一変しました。高層ビルの建設が可能になった一つの理由は、エレベーターの開発です。10階建てのビルに階段しかなかったら、誰も使わないでしょう。5階建てでもつらいところです。

当時のエレベーターは自動ではありませんでした。エレベーターを手動で操作し、目的の階に到着すると、ドアを開け、乗客の乗り降りをサポートし、ドアを閉め、次の階に向かう運転手がいたのです。

しかし、エレベーターの運転手は必要なくなりました。1960年代になると多くは自動エレベーターに代替され、もちろん新しい仕事も生まれました。エレベーターを自動で制御するためのシステムの構築です。非常電話に応えるオペレーターも必要になりました。自動運転になったため、オフィスビルや百貨店以外でも高層ビルが建てられるようになり、建築需要も増えました。しかし、エレベーターの運転手がそれらの新しい仕事を担ったわけではありません。

18世紀末の産業革命期には、生産量が大幅に増えていました。この利益を真っ先に手にしたのは、もちろん、労働を代替するような機械に投資をした投資家と企業家です。その利益率は2倍に増えていました。労働者はというと、一人当たりの生産高が46%増加していた一方で、実質賃金は12%しか成長していませんでした。つまり、この間の成長は投資家と企業家がとっていたと考えてよいでしょう。

もう少し、ミクロで見てみましょう。イギリスで自動織機が登場した後に何が起こったかと言えば、まず、機織り職人が必要なくなり、賃金は最低生活賃金の水準にまで落ち込みました[27]。1816年には、機織り職人の失業率はマンチェスターで60%、ランカシャーでは

1826年に69%にも達していたのです[28]。

その後、イギリスの実質賃金は成長するのですが、それは労働者一人当たりの生産高の成長と同じペースでした[29]。実質賃金が生産性の成長を上回るようになったのは、雇用機会が生み出され始めてからでした。工場の規模が大きくなるにつれて、それを管理するための仕事が生まれました。大きな資本を投下するわけですから、効率的な生産管理や、しっかりとした管理会計が必要になります。機械をメインテナンスする修理工も必要です。このような新しい仕事には、それまでになかったような高いスキルが必要になります。

そのためには、教育が重要になります。イギリスでは19世紀後半から識字率の向上が見られますが、その背景には新しい仕事に対する需要があったと考えられています。しかし、ここで大切なのは、スキルが破壊された機織り職人が、新しく生まれた自動織機を扱う技術者や会計士になったわけではないのです。それらは別人です。スキルを破壊されたほとんどの人は、賃金が低下したり、失業したりしたままだったのです。一人当たりのGDPの伸びが見られるまで産業革命が始まってからおよそ100年かかっているのです。

現代に話を戻しましょう。マサチューセッツ工科大学のダーレン・アセモグルらは、アメリカの工場でロボットを導入した際の影響を調べました。その結果、工場がロボットにより自動化するとやはり雇用が減り、賃金の上昇も抑えられていたことが分かりました[30]。このような傾向はアメリカだけでなく、フランスでも確認されています[31]。アメリカではロボット1台につき6人、フランスでは11人の雇用が失われていたのです。

もちろん、自動化は雇用を縮小するだけではありませんでした。自動化した後の雇用をもう少し長く見ていくと、むしろ自動化した企業は雇用を増やしていたのです。これは、そのような企業は、生産性が向上し、競争力がつき、売り上げが増加したために、雇用を増やしていたと考えられます。

自動化を導入したその企業の雇用は最終的には増えていました。しかし、それは必ずしも、創造的破壊によって職を失った本人が、生産性が高くなった企業に再び雇用されたわけではないのです。増えたのはより生産的な仕事であり、高いレベルのスキルが必要なものです。陳腐化した昔の仕事が戻ってきたわけではないのです。

3　破壊されるインパクト

自分のスキルが陳腐化すると、所得が下がったり、職を失ったりします。所得の低下や失業は、大きなショックです。人生設計が変わってしまいます。これまでの社会的な地位や家庭を失ってしまうかもしれません。転居が必要となれば、それまでの地域とのつながりもなくなってしまうでしょう。

健康に悪い失業

失業すると、自分が社会で必要とされている感覚がなくなったり、自分の能力について自信を失ったり、それらの結果として、自分を大切にできなくなったりします。所得の低下や失業が、人々の健康状態にどのような影響を及ぼすのか多くの研究が蓄積されてきました。近年では、所得格差が拡大するとともに、健康格差も拡大していることも観察されています[32]。失業した人の健康状態が悪いことも見られてきました[33]。

ただ、失業などのショックが健康状態を悪くしているのか、あるいはそもそも病弱であったり、なんらかの疾患を抱えていた人が失業しやすいのか、どちらなのかの峻別《しゅんべつ》は必ずしもついていませんでした。というのは、単純化して言えば、失業しなかった人と、失業した人を分けて、その健康状態を比較していたからです。そもそも健康に問題を抱えていた人は、欠勤が多かったり、生産性が低かったりする傾向があります。それが解雇やレイオフされる確率を高めてしまうのです。

そこで、研究者たちは工場が閉鎖された場合に、どのような影響が出るのかを考えました。工場閉鎖の場合には、健康に問題を抱えている人もそうでない人も、そこで働いていた人はみんな仕事を失うからです。調査の結果は、予想通りでした。仕事を失った後に、人々の健康状態は悪くなっていたのです[34]。これらは、工場で働いているいわゆるブルーカラーの労働者を分析しています。ブルーカラー労働者は一般的に所得が低く、資産も少ないため、失業による経済的負担から身を守るための緩衝材が少ない傾向にあります。そのため、失業のショックをより大きく受けている可能性があります。

ホワイトカラーの失業はどうでしょうか。米国所得動態パネル調査（ＰＳＩＤ）のデータを用いて、事業所の閉鎖に起因する失業者を特定し、その人たちの健康状態を追った研究では、やはり健康への悪影響が見られています[35]。その影響はホワイトカラーとブルーカラーで大きく異なってはいませんでした。事業所の閉鎖により職を失うと、健康状態が悪くなる確率がおよそ54％上昇し、既往症がない人では健康状態が不安定になる確率が83％増加していたのです。そこで表れていた主な症状は、高血圧、心臓病、関節炎などでした。

希薄化する人とのつながり

創造的破壊により自分のスキルが破壊され、心身の健康を害した人でも、サポートがあれば回復が見込めます。ただし、サポートを提供するそもそもの基盤が崩れてきています。

個人が持つ知識やスキルを人的資本（ヒューマン・キャピタル）と言います。その一方で、社会関係資本（ソーシャル・キャピタル）と呼ばれるものもあります。それは、人と人の間にある互酬性や信頼性の基盤にある人間関係や地域のコミュニティのことです。家族も重要な社会関係資本の要素の一つです。アメリカではこの社会関係資本が崩れてきているという指摘が繰り返されています。

社会学者のロバート・パットナムは、このような人とのつながりが1990年代後半のアメリカで希薄化してきたことを指摘しています[36]。それまでは、宗教や人種などを超えた人々の社交の場であったボウリング場に、一人でボウリングをしに来る人が増えたのです。人々の交流が減り、社会関係資本が希薄化していった原因の特定はされていません。特定の要因が原因になっているというよりも、むしろ、さまざまな要因が関係しあって希薄化が起こっていると考えられています。その要因とは、核家族化、共働きの増加、郊外化とそれに伴う長時間の通勤時間、テレビなどの娯楽の個人化、個人主義的な価値観の浸透などです。

さらに言えばイノベーションも地域のコミュニティを壊しています。前述のように創造的破壊によるスキルの陳腐化は、極めて局所的に起こります。チャイナショックの場合には、ミシガンやイリノイ、インディアナ、オハイオなどの中西部の自動車産業で多くの人のスキルを陳腐化しました。

長年、自動車産業でスキルを身につけてきた人（特に、シニアの人たち）は、次の仕事を探そうにもなかなかありません。教育投資をされたスキルの高い若者は、より魅力的な仕事がある都市部へと出ていきます。しかし、シニアでも若い人であってもスキルが低い人が同じように仕事を求めて都市部に移住すると、そこでは物価が高く、暮らし向きは良くならないどころか悪くなってしまいます。

田舎ではキャリア・アップにつながるような職を見つけるのは難しく、スキルが低い人たちが取り残されています。親の所得水準が低いと、その子どもへの教育投資も小さくなります。仕事がなくなった世帯では、子どもへの負の影響がでます。製造業の仕事がなくなると、そこで働いていた人たちへのサービスを提供する仕事、サービス業もなくなってきます。それに伴って、行政サービスも脆弱になってきます。職を探しているうちはまだ良いですが、なかなか次の職が見つからずに、そのうち諦めてしまいます。こうして、自発的な失業が増えていくのです。

準備を怠ったキリギリスなのか

厳しい冬を見込んで、アリはせっせと働いているのに、キリギリスはバイオリンを弾き、夏を謳歌《おうか》していました。これは、有名なイソップ寓話の一つの「アリとキリギリス」です。キリギリスは夏を謳歌して食べ物を蓄えず、バイオリンを弾いて過ごします。アリはキリギリスにバカにされてもせっせと働き、冬に備えて食べ物を蓄えます。そして厳しい冬がやってきます。キリギリスは食べ物を蓄えておかなかったので、飢えて死んでしまいます（アリから食べ物を恵んでもらい、キリギリスは改心するというエンディングもあります）。

創造的破壊にスキルを陳腐化されてしまった人のことを、キリギリスじゃないかと考える人もいるでしょう。確かに、「朝起きたら突然、イノベーションがやってきて、自分のスキルを代替されてしまった」ということはないわけです。真面目に仕事をして、最新の動向をきちんとチェックしていれば、何が起こりそうなのかを知ることはできたはずです。もしも、厳しい冬が来ると分かっていたのに、遊び惚けていたキリギリスだとすれば、自己責任です。ただ、インパクトの大きい創造的破壊は、多くの人にとって予測が難しいものです。違う言い方をすれば、多くの人が予測できないような変化が起こるからこそ、インパクトは大きくなります。

一方で、誰も全く予想していなかったということはないでしょう。「こうなるかとはうすうす思っていたけれど、まさかここまでになるとは」という反応が正直なところでしょう。だからこそ、自己責任だとも考えられるのですが、この点は重要なポイントなので、第6章で詳しく見ていきましょう。

【第3章　まとめ】

アメリカの農業は、継続的に生産高が伸びているのに、農場で働く人は減っています。1870年には全労働者のおよそ半分が農場で働いていましたが、1900年にはそれは3分の1になりました。それが1950年には全労働者の5分の1程度となり、2021年ではアメリカの雇用の1・3%となっています。トラクターや農薬技術の進展により、農業の生産性が高まっているわけです。イノベーションが既存の非効率なプロセスを代替するからこそ、生産性は上がるのです。

より効果的あるいは効率的なやり方があるのに、わざわざ生産性の低いやり方を続ける必要はありません。生産性の低いことをしている企業があれば、あっという間に、新しいやり方を導入した企業に競争力を奪われてしまいます。だからこそ、私たちが考えなくてはならないのは、創造的破壊を促進しながらも、その負の効果をどのようにすれば小さくできるかです。

スキルが破壊されると、賃金が低下したり、失業したりします。人は、失業すると社会に必要とされているという感覚を失います。健康を害する人もいます。これはアメリカで色濃く出ています。この点は、第5章で詳しく見ていきましょう。

私たちは、現在起きていることは、将来も続くと考える傾向があります。今、仕事があれば、それが今後もあり続けると考えたくなります。また、ヒトのスキルを破壊するイノベーションであったとしても、それは「補完的なものであり、より自由に生産的な仕事ができるようになるものだ」というふれこみと共に現れます。

これは長期的には正しいのですが、短期的には正しくありません。破壊される人と、より生産的な職業に就く人は多くの場合、別人です。これは破壊される個人の人生にとっては大きな問題です。だからこそ、抵抗が起こります。抵抗が効果的で、強ければ、イノベーションは導入されません。次の章ではこのポイントを見ていきましょう。

第4章　新しいモノゴトへの抵抗

1920年のアメリカではおよそ2500万頭の馬とラバが農作業をしていました。しかし、それをピークにその数は減少し、2010年代にはおよそ400万頭にまで減りました。原因はトラクターです。19世紀後半に開発されたトラクターは農地を耕し、肥料をまき、収穫し、荷物を運搬してくれます。トラクターは燃料を入れるだけなので、馬やラバの餌となるオーツ麦も育てる必要はありません。

2000万頭以上の馬とラバがトラクターに仕事を奪われ、失業しました[37]。馬たちは働かせられるよりも、のんびりと牧草をはんでいたいでしょうから、良かったかもしれません。しかし、これが人間だった場合には、大変です。仕事を奪われる人は、抵抗するでしょう。抵抗が大きく力を持つと、そのイノベーションが社会に浸透しません。本章では、イノベーションと抵抗について考えていきます。

なぜ、人はイノベーションに抵抗するのでしょう。「新しいものは良く分からないし、どうなってしまうのだろう」という漠然とした不安が一つはあるでしょう。これまでに慣れ親しんだものを変えるのは、勇気が必要です。

ただ、イノベーションの抵抗についての本質的な問題は、このような自分の馴染みへの愛着や新しいモノゴトへの不安ではありません。より、合理的な意思決定がベースにあります。

1　抵抗を生むイノベーション

イノベーションへの抵抗は、社会全体の生産性を下げます。この点を指摘しているのは、イリノイ大学のステファン・パレンテとミネソタ大学のエドワード・プレスコットの二人です[38]。彼らは、生産性を世界のベストプラクティスと同じ程度まで上げることは難しくないと言います。なぜなら、最も生産性の高いところのやり方を導入すれば良いからです。

もちろん、全てを導入することはできません。導入にはコストもかかります。社会制度が違えば、その順応も異なります。単純に世界のベストプラクティスを導入すれば上手く機能するとは限りません。けれど、真似できるところは、真似すれば良いわけです。

実際に、日本は幕末から明治にかけて、アメリカやヨーロッパから先進的な知識や技術を導入するために、海外から専門家を招聘《しょうへい》しました。お雇い外国人です。彼・彼女らから、海外のベストプラクティスを学び、それを国産技術として磨いていったのです。

しかし、多くの国や企業はそれが上手くできません。パレンテとプレスコットらは、生産性をベストプラクティスと同じような水準にまで上げられないのは、イノベーションを取り入れることに対する抵抗があるからだと主張しています。

イノベーションを導入すれば、当然、あるスキルが不要になったり、その重要性が小さくなったりします。そこで、反対する人が出てきます。イノベーションへの抵抗勢力です。

イノベーションへの抵抗

ジョン・ケイが発明した飛杼《とひ》は、イギリスの産業革命を代表するイノベーションの一つでした。これにより、布を織る生産性が大きく向上したのです。布を織るには糸を通す棒（シャトル）に緯糸《よこいと》をつけて、それを経糸《たていと》に通していきます。幅の狭い布をつくるのであれば、緯糸を通すのはそれほどの労力ではありません。しかし、幅の狭い布は使い勝手が良くありません。できれば、幅の広い布をつくりたいところです。ただ、布の幅が広くなると、緯糸を通すのは一苦労でした。布の幅が広いほど、杼を手渡しするために2〜3名の労働者が必要になり、それぞれが織り機の一端からもう一端へと杼を渡す作業を担当していました。そこで、ジョン・ケイは、緯糸を自動的に経糸の間に飛んで通すことができるようにしたのです。これにより、幅広い布でも一人で、しかも素早く織れるようになったのです。

この飛び杼は布を織る生産性を飛躍的に上げたのですが、当時の機織り職人は強く抵抗しました。飛び杼を使えば、それまで2〜3名で行ってきたプロセスを1名でできてしまうのです。職人にとっては、自分たちの仕事がなくなってしまうわけです。

飛び杼が導入されるようになった1758年から、労働者たちは繰り返して暴動を起こしました。暴動は、飛び杼に対してだけではありませんでした。産業革命を代表する発明の多くに対して暴動が起こったのです。

ハーグリーブスのジェニー紡績機に対しては、1767年から打ち壊し運動が起こりました。アークライト型の工場に対しても1779年から暴動がありました。工場に機械が導入されると、熟練工の必要はなくなり、スキルの低い人でも働けるようになりました。そこで工場の経営者たちは、子どもを大量に雇うようになったのです。子どもは賃金も安く、大人に比べれば従順です。子どもは酒を飲むこともありませんし、紡績機の下にもぐりこんで掃除もできるのです。

暴動は各地で絹紡績や織物、製材などさまざまなところで導入された機械に対して行われました。これは、1811年から12年にかけてラッダイト運動として先鋭化し、ノッティンガムから他の工業地帯にも広がりました。ラッダイト運動は、そのリーダーのネッド・ラッドから名づけられています。ネッド・ラッドが、実在の人物かどうかは分かっておらず、一人のリーダーが先導したというよりも、各地でたまった不満が一気に噴き出したものとみられています。ラッダイト運動からおよそ20年後の1830年から32年にかけては、脱穀機などの農業機械を打ち壊したスウィング暴動が各地に広がりました。

イノベーションへの抵抗が、このような激しい暴力を伴うことはそれほど多くありません。抵抗のかたちはさまざまであり、暴力を伴わないものがほとんどです。日本でも、打ち壊しのような暴力にまでは発展しなかったものの、スキルへの代替の抵抗は起こっています。

1969年6月28日の未明、新宿郵便局前に350人の機動隊と警察官が動員され、新宿郵便局前で座り込みをする労働者280人を排除しました。労働者たちは、郵便物自動処理装置（郵便番号の読み取り区分機と自動選別押印機）の導入に反対していた郵便局員たちでした。

郵便局では大量の郵便物を仕分けしなければなりません。日本では、その仕分けは近代的な郵便制度が始まった1871年以来、人がずっと手作業で行ってきました。高度経済成長期に入ると郵便物はますます多くなり、仕分けが大変になっていました。

1968年には仕分けをやりやすくするために郵便番号の制度が発足しました。郵便番号で仕分けをする方が、住所を読んで仕分けるよりもずっと楽です。また、郵政省は電機メーカーと一緒に郵便番号制度の導入に合わせて仕分けの自動化の研究開発を進めていました。

自動化に対して、郵便局の労働組合は反対していました。仕分けをしていた人のスキルが機械によって破壊されるからです。そして、いよいよ1969年6月28日に自動処理装置が新宿郵便局に搬入されることになっていました。これに反対して、労働者たちは搬入阻止のために、郵便局の出入り口に座り込んだのです[39]。

生活基盤である人的資本の破壊

なぜ、抵抗するのでしょう。もちろん、新しいモノゴトに心理的な抵抗を覚える人もいます。新しいものよりも、慣れ親しんだものを好む気持ちは分かります。しかし、単に新しいものには心理的な抵抗感があるというだけで、人々は死刑になるかもしれないのに打ち壊し運動に参加したり、逮捕されるかもしれないのに座り込みをしたりはしません。

抵抗するのは、イノベーションが破壊するものが自分のスキルだからです。自分が構築してきた人的資本を破壊するからだとも言えます。自分のスキルが破壊されれば、所得が下がったり、失業したりします。自分の生活の基盤が崩れてしまいます。ラッダイト運動もスウィング暴動も、郵便物自動処理装置の導入に対する反対も、そのために起こったのです。

第1章で見たように、イノベーションの恩恵と損失が現れるのには時間差があります。この時間差が大きければ大きいほど、そして、イノベーションに伴う損失が局所的であればあるほど、抵抗は大きくなるのです。

かつてのイノベーターも抵抗する

イノベーションに抵抗するのは、個人だけではありません。自社のビジネスが陳腐化してしまう恐れのある企業も抵抗します。もちろん、ライバル企業が生み出したイノベーションを暴力的に打ち壊しに行くような企業はありません。もう少し違ったかたちです。

新規参入企業の生み出したイノベーションによって、リーダー企業がそれまでに構築してきた競争優位の源泉が破壊されることがあります。このような現象はそれほど頻繁には起きてはいないものの、逸話としてはよく耳にします。例えば、フィルム事業でリーダー企業であったイーストマン・コダックは、デジタル化の波に上手く対応できませんでした。実は1975年に世界で初めてデジタルカメラを発明したのは、コダックのスティーブン・サッソンだと言われています。しかし、コダックがデジタルカメラを他社に先駆けて本格的に事業化することはありませんでした。技術力はあるのに、それを利用しなかったのです。まだ先行きの不明確なデジタルカメラに投資をするよりも、既存のフィルム事業への投資の方が、期待収益率が高かったからです。

かつてイノベーションを生み出したリーダー企業が新しく生み出されたイノベーションに対応できない理由は、第2章でも見てきました。リーダー企業には豊富な経営資源がありますす。そのため、将来的に自社の競争力を脅かすかもしれない技術が出てきた場合には、そちらにも経営資源を割いても良さそうです。しかし、なかなかそうならないのです。

その理由は、既存のビジネスの期待収益率が高いからです。既存企業は、既存のビジネスの評価軸でパフォーマンスを上手く向上させ、生き残ってきた企業です。その中でも、最も効果的、効率的に、研究開発をし、それを製品化し、生産体制や顧客へのサプライチェーンを上手く構築してきたのがリーダー企業です。そのため、これまで行ってきた投資から得られる収益率が高いのです。意思決定が合理的であればあるほど、より期待収益率が高い既存のビジネスに投資をするのです。そのため、むしろ、新しく登場してきたイノベーションに対しては、抵抗する側になります。

ダーティな技術を残そうとする既存企業

既存企業が、自社が既に構築してきたビジネスに投資をする傾向はさまざまなところで見られています。分かりやすい事例として自動車産業について見てみましょう。

自動車メーカーは現在、大きな技術的な変革期にあります。自動運転技術が進展しています。環境問題への対処も求められています。これまで通りの内燃機関、ハイブリッド、電気、水素燃料電池などパワートレインをめぐりさまざまな技術が競争しています。

ハーバード大学のフィリップ・アギヨンらは、どのような企業が脱炭素化へ向けた新しい技術を開発して、どのような企業が既存の技術に投資をしているのかを分析するため、世界の自動車メーカーの48か国の特許のデータを調べました。彼らはまず、自動車メーカーの研究開発の成果を、ダーティな技術とクリーンな技術に分けました。ダーティというといかにも環境に悪そうで、あくどい感じすらありますが、その中身は内燃機関（つまり、従来型のエンジン）についての技術です。内燃機関は古くからある技術で、彼らはそれをダーティな技術と呼んでいるのです。クリーンは、電気やハイブリッド、水素など新しい技術です。

彼らの発見は、予想通りの結果でした。過去に内燃機関で多くの特許をとっていた企業はその後もダーティな研究開発をする確率が高く、クリーンな特許を多くとっていた企業はその後もクリーンな技術を開発する確率が高かったのです。企業は自分が得意であった領域でのイノベーションを生み出す傾向があるのです。

帆船効果

既存企業が、新しく生み出された能力破壊型のイノベーションではなく、それまで構築してきたビジネスに投資をするというと、生産性を下げる悪しきことであるかのように聞こえるかもしれません。

しかし、それはやや単純化しすぎです。既存企業は、既存のプロセスにさらに磨きをかけることで、イノベーションに代替されないようにしているのです。

例えば、蒸気機関が生み出されてから、イギリスの水車の多くは蒸気機関に置き換わると考えられていました。しかし、水車の性能が大きく向上したために、実際にはすぐには置き換えられなかったのです。水車に新しい材料（鉄）が用いられたり、より効率的な設計が導入された結果、250以上の馬力を出せる水車も登場しました。また、電球が登場してくると、それまで支配的だったガス灯にも進歩が見られました。ハイブリッド車が普及してくると、従来のガソリン車の燃費も向上しました。燃費を良くしなければ、すぐにハイブリッド車や電気自動車に代替されてしまうかもしれないからです。

これは、蒸気船が登場した時に、それまでの帆船の性能が向上したことに由来して、帆船効果と呼ばれています。新しい技術の登場により競争にさらされた帆船の技術者たちが、蒸気船により駆逐されないように性能の向上に励んだためです。

イノベーションが起こると、既存のモノゴトは競争圧力にさらされ、生産性が上がるのです。代替しようとする側と代替されないようにする側での競争です。これにより、双方の生産性が上がるのです。これはある意味では、好ましい抵抗と言えるでしょう。望ましくないのは、競争によらない抵抗です。この点を次から見ていきましょう。

2　政府はどちら側につくのか

イノベーションの恩恵は長期的に社会全体に広がっていくのに対して、コストは短期的にそして局所的に現れます。だからこそ、抵抗は強くなるのです。ただし、抵抗が実際に力を持つかどうかは分かりません。

抵抗が効果的な時には気がつかない

ラッダイト運動やスウィング暴動、あるいは郵便局での座り込みなどの抵抗は、人間のスキルを破壊するイノベーションに対するものでした。このような激しい抵抗が起こるのは、抵抗する勢力が劣勢の時です。「もう、これしか手段がない」と思うからこそ、打ち壊しなどの極端な手段にでるのです。

抵抗が効果的に行われた場合には、新しく生み出された創造的破壊のタネは取り除かれ、目に見えるかたちで抵抗運動が行われることもなく、何もなかったかのように日常が続くだけです。抵抗が効果的になされた場合、多くの人は抵抗の存在にさえ気がつかないのです。

実際に、産業革命の前では抵抗はとても上手く機能していました。少し見てみましょう。イギリスのノッティンガムの近くに住んでいたウィリアム・リーは、1589年に靴下編み機を開発しました。これはイギリスの繊維産業の機械化の最初の一歩でした。リーは、特許の取得をのぞみました。

しかし、エリザベス1世がそれを拒否したのです。もしも、この機械が広まってしまうと、靴下を編む職人が失業してしまうからです。それでも、リーはめげずに、粗い布しか編めなかった機械に改良を重ね、細かく編めるようにし、ウールだけでなく絹までも編めるようにしました。そこでもう一度特許を求めたのですが、ジェームズ1世は特許の付与を再び拒否しました。というのも、当時の権力者は、新しい技術を生み出した発明家たちではなく、既存の職人たちの利害を重視していたのです。これはイギリスだけではありません。ヨーロッパの多くの都市で靴下の編み機のような自動織機は禁止され、熟練工たちは守られていたのです。だからこそ、打ち壊し運動は19世紀に入るまでは起こらなかったのです。

他にも1397年にドイツのケルンでは針の頭を自動で加工する機械の使用が禁じられました。さらに、ケルンでは、1412年に紡績工のギルドが絹の撚糸機の導入に反対したため、撚糸機だけでなく、ギルドに属して生計を立てている人を脅かすような機械の導入は一切禁じると決められました[40]。1632年、チャールズ1世は、バケツ職人の仕事を奪うという理由から、バケツの鋳造を禁止しました[41]。

新しい技術に対する抵抗が効果的に機能していた理由の一つは、ギルドが力を持っていたからです。ギルドとは、商人や職人の間で組織化された職業別の組合のことです。パン屋や大工、鍛冶屋や石工、織物職人、醸造家などさまざまな職業にギルドがあり、11世紀から16世紀にかけてヨーロッパで力を持った組織でした。ギルドのリーダーは、地元の有力者となり、政府の役職にもついていました。

ギルドにはさまざまな機能がありました。その重要な機能は、職業訓練です。徒弟制度を通じて、技術を伝承していくのです。ギルドは品質保証もしていました。そのメンバーの生み出す製品やサービスの品質基準を定め、それをモニタリングしていました。また、そのメンバーが資金を拠出しあい、メンバーが早くに事故や病気で働けなくなった場合には、その拠出した資金を家族に分け与えるという互助会的な側面もありました。さらに、ギルドには、その職業への参入を規制し、地域的な独占として、生産量や価格をコントロールして、メンバーの賃金を上げるという機能も持っていました。

地域で独占的な力を持っていたギルドですから、自分たちのスキルを破壊するような創造的破壊には効果的に抵抗できたのです。競争を抑制し、現状を破壊する可能性のある技術革新は阻止しようと努め、それが上手く機能していたのです。政府や政治エリートへのロビー活動にも熱心に資金を投じていました。機械の打ち壊し運動といった先鋭的な暴力のかたちで抵抗が起こったのは、ギルドが弱体化したからでもありました。

抵抗とは、立場の弱いものが、権力や支配的な道徳や倫理、あるいは慣習やルールなどに立ち向かうことです。圧倒的な権力を持っている人や組織は、力が弱いものに対しては抵抗しません。単に権力を行使するだけです。夏休みの宿題をするのに抵抗する子どもはいますが、宿題をやりたくないという子どもに抵抗する教師はいません。教師には制御する権力（成績をつける、指導をするなどの教育上の権限）があるからです。

支配的な道徳や倫理、慣習やルールといった既存の体制側にいる人や組織は、新しいモノゴトに抵抗しているという意識はなく、むしろ社会の安定性を脅かすものに正しい対応をしていると考えているのです。

創造的破壊をサポートする最初の政府

これまで見てきたように、18世紀後半から機械の打ち壊し運動が起こりました。これは、自動化の機械がイギリスの繊維産業で使われるようになってきたと同時に、ギルドの力が弱まっていたことを意味しています。いくらギルドが反対しても、自動の機織り機を導入すれば儲かる状況があったのです。第3章で見たように、当時のイギリスでは資本に対する人件費が上がっていました。人件費が高まっていたために、投資をして人件費を削減するような（つまり、必要な労働力が少なくてすむような）技術を導入すれば、経営者は大きく儲かる状況がありました。だからこそ、新しく発明された機械の導入が進んでいたのです。

そのような状況を見て、それまで熟練工を守ってきた国王や議会は、一転して、発明家たちを支援し、抵抗する人たちに対して厳しい措置をとるようになったのです。

１６８８年まで、イギリスでは労働者のスキルを代替するような新技術の導入は阻止されてきましたが、それ以降、阻止することはなくなりました。１６８８年から89年の名誉革命が大きなきっかけでした。イギリスで国王の権限が制限され、議会政治の基礎が築かれたのです。名誉革命はカトリックの国王がプロテスタントによって追放されたクーデターでしたが、これにより市民も議会を通じて政治的な影響力を行使できる可能性が開けたのです。そこで、政治に影響力を持つようになったのは、商業的な富を持つ新興ブルジョワジーでした。商業資本家は名誉革命をきっかけに、徐々に政治的な影響力を増していったのです[42]。

ランカシャーで１７７９年に暴動があった際には、政府はリバプールから軍隊を派遣し、直ちに暴動を制圧しました。しかし、抵抗運動はすぐには止まりませんでした。そこで議会は１７８８年に、機械編み機を故意に破壊した場合には、流刑地での7年から14年の刑に処すことを決めました。しかし、それでも抵抗は止まりませんでした。１８１１年からラッダイト運動がノッティンガムで始まりました。これに対して、政府は１８１２年にストッキング・フレーム等破壊法を制定し、機械を打ち壊したものは死刑に処すと決めたのです。

実際にラッダイト運動で60から70人が絞首刑に処されていました。「はじめに」で紹介したジェームズ・トウルも、この時の人物です。運動を鎮圧するために動員された兵士は12000人にも及びました。1830年の脱穀機などの農業機械を打ち壊したスウィング暴動の際には、軍隊と地方民兵を動員し、252人に死刑を宣告したのです。

抵抗勢力にとっては、非常に厳しい措置です。政府がこのような厳しい措置を取れたのは、イギリス議会において、ギルドの力が弱まり、商人や製造業の階級の利害が決定的に優先されるようになっていたからです。新しい技術の導入により植民地との貿易で富を拡大できる素地が整って商人や議会の力が強くなったことや、封建主義的な権力者の力が弱まったことが背景にありました。

商人や製造業者の利害を反映した立法も相次ぎました。1824年には、地域ごとに異なっていた度量衡が標準化されました。これにより、市場での取引が盛んに行われるようになりました。また、議会は1849年には植民地とイギリスの間の貿易を制限していた航海法を廃止し、自由貿易を大きく進めました。これにより、植民地から安価な原料を輸入し、製品を輸出できるようになり、安価で質の良い製品をつくり出せれば、儲かるという状況がさらに加速したのです。

スキルが破壊された熟練工たちは暴力に訴えるだけでなく、議会にも陳情を行っていましたが、聞き入れられませんでした。商工業者が政治に影響力を持っていた議会は、高い人件費を削減する自動化設備を導入し、安価で質の高い製品を世界に輸出することを促進したのです。イギリスは、既存の技術に特化したスキルを持つ労働者の既得権益を守ることではなく、創造的破壊を促進することこそが国益にかなうと考えて、明確に舵を切った世界で最初の政府でもありました。

収奪的な政府

このようにイギリスの政府は、イノベーションを促進する側をサポートするようになったのですが、これは簡単なことではありません。この逆になっている国も少なくないのです。マサチューセッツ工科大学のダーレン・アセモグルとシカゴ大学のジェームズ・ロビンソンは世界の国々の経済成長の歴史を観察し、既得権の喪失を懸念する人たちが抵抗勢力となり、その勢力が政治的な力を持つと、経済成長は阻害され、その国は貧しくなっていくことを明らかにしています[43]。彼らは、既得権益者が政治と結びついた政府を、「収奪的な政府」と呼んでいます。

収奪的な政府という表現に違和感を持つ人、「絶対王政や独裁政治でない限りは、そのような政府はないのでは」と思う人もいるでしょう。確かに前述のように産業革命前のイギリスでは王族が既得権益者と結びついていましたが、名誉革命以降は議会が力を持ち、そこにイノベーションを生み出す商工業者の影響力が反映されるようになりました。議会政治があれば、民衆の声が届き、収奪的な政府は生まれないはずと考えるのもうなずけます。

しかし、実際には、収奪的な政府は多いのです。収奪性にも程度があります。かつての絶対王政のように自分たちの利益のために、大衆の利益を犠牲にする国は、現在では多くはありません。しかし、ある特定の領域では収奪性の程度が高い政府は少なくないのです。

なぜでしょう。ある制度の下で、目的の最大化に成功している組織は、その基盤を強固なものにし、その成功を持続的なものにしようと試みます。企業の場合には、自社の競争力ができるだけ長続きするようにさまざまな試みを行います。自社の製品やサービスに磨きをかけ、できるだけ効率的にそれを生産できるように改善を行います。自社の製品やサービスが市場で支配的になるように多方面に働きかけます。新規参入企業によって利益を奪われないように、参入障壁をできるだけ高くするでしょう。さらには、政府にも働きかけます。ある産業の利害が政策に強く反映されるようになってくると、それは収奪的な政府への第一歩です。特定の産業の既存企業の利益が他よりも優先されるようになるからです。

ロビー活動とイノベーション

企業は自社がこれまで構築してきたモノゴトを改善し、洗練させようとするばかりではありません。イノベーションにより代替されることから守ろうとします。既存企業は自社が構築してきたビジネスを守ることが何より大切です。これまで自分が投資をして、競争力を構築してきたビジネスですから、そうやすやすと新規参入企業にとって代わられるわけにはいかないのです。

そのため、知的財産権で技術を保護したり、サプライチェーンを強固なものにしたり、消費者のブランドロイヤリティを高めたり、価格を安く設定したりとさまざまなやり方で参入障壁を高めようとします。

参入障壁を高める取り組みの一つが、議員に対しての働きかけを行うロビー活動です。ロビー活動を行う企業は規模が大きい企業です。さらに、ロビー活動を積極的に行っている企業の生産性は低く、利益率が高く、競争の程度が少ない業界の企業ほど積極的という傾向が見られています[44]。ロビー活動は、新規参入を難しくし、競争を制限することによって、既存企業の利益率を向上させているわけです。

1993年から2014年にかけて、イタリア企業を対象に、政治家を雇用したり、企業家が政治関係の職務を兼務するなど、政治と強い結びつきのある企業を特定したところ、その業界のリーダー企業は政治的なコネクションを持つ可能性が高い一方で、イノベーションを起こす可能性は低かったことが発見されています[45]。既存のモノゴトで競争力を構築してきた企業は、新しいイノベーションを生み出すよりも、既存のビジネスをできるだけ長く存続させることに熱心になるのです。

ここにはジレンマがあります。社会でイノベーションを促進させようと思えば、イノベーションにチャレンジした人がきちんと報われることが大切です。企業の場合で言えば、新しいモノゴトを生み出して、上手くいけば超過利潤が得られるという期待が大切です。新しいモノゴトを生み出したとしても、ちっとも儲からないと企業家が考えれば、わざわざそこに投資はしません。だからこそ、企業家がイノベーションの成果をしっかりとれるような社会制度が重要です。

しかし、既にイノベーションを生み出した企業が大きな競争力と政治力を持つと、さらなるイノベーションを生み出そうとする後続の新規参入企業を阻害してしまいます。自分の生み出したイノベーションを陳腐化するような創造的破壊ができるだけ起こらないように働きかけます。イノベーションを生み出した企業にとっては、そのイノベーションを活用してビジネスをできるだけ長く存続させれば、それだけ大きな利益を獲得できるからです。イノベーションを生み出すためには投資も必要ですから、一度、手にした果実はできるだけ手放さず、利益を得ることが大切です。

これがジレンマです。イノベーションの果実が大きいものであるという期待は大きい方がイノベーションへの呼び水としては良いのですが、その果実が大きなものになってしまうと今度は、新たなイノベーションを阻害してしまうのです。

ロビー活動は、政府を収奪的にする可能性があります。企業は熱心にロビー活動をして、自社に不利な状況をできるだけ排除し、有利な状況となるように働きかけます。ロビー活動は認められたものですし、合法的なものです。しかし、既存企業に圧倒的に有利です。新規参入企業の力は相対的に弱いですし、まだ誕生してもいない場合も多いからです。

3　抵抗がなくなる条件

抵抗は、ラッダイト運動のような暴力的なものから、ロビー活動、あるいは静かなサボタージュまでいろいろなパターンをとります。しかし、自分のスキルが破壊されたとしても、抵抗が起こらないこともあります。戦後の日本では抵抗はそれほど大きくならなかったのです。どのような場合に抵抗が起こらないのでしょう。

なぜ、戦後の日本では抵抗が少なかったのか

日本では戦後、多くのイノベーションが生み出されてきました。その中には、労働節約的なものも含まれていました。

例えば、ATMは銀行の窓口業務を大きく変えました。日本で初めてのATMは1977年に導入されました。ATMにより、出金だけでなく、預金、送金業務が自動化されました。窓口での業務の必要性が大幅に減りました。窓口業務を行っていた人のスキルが、機械に代替されたのです。住友銀行では業務の自動化を始めた1967年からの17年間で、預金残高の増加に伴い事務量は4倍に増えていたものの、人員は4分の3にまでに減っていました46。

しかしながら、大きな抵抗は起こりませんでした。

なぜでしょう。もちろん、自分のスキルが破壊された人が、損をしなかったからです。違う言い方をすれば、イノベーションにより代替される代償を、スキルが破壊された人が支払わなくて良かったからです。

日本企業はイノベーションによりスキルが破壊された人を、配置転換により他の部署で活用したのです。銀行の場合には、窓口業務を行っていた人員の縮小は、配置転換と新規採用の抑制によって行われていました。つまり、実際にそこで働いていた人の所得が減ったり、職がなくなったりしたわけではないのです。職を失ったのは、銀行の窓口で働きたいと思っていた人（主に高卒の女性の就職先でした）ですが、そもそも彼女たちはまだ働いてもいません。就職先の候補リストから銀行の窓口がなくなるだけです。抵抗しようもありません。

なぜ、日本企業は社内の配置転換で、スキルを破壊された人の雇用を維持したのでしょう。まず、歴史的な文脈として、戦争の混乱が終わり、１９５５年から日本は高度経済成長に入っていたことが大きく影響していました。経済全体が大きく成長していましたから、多くの企業が成長できました。社内に十分に仕事があったので、配置転換も可能だったのです。

さらに高度経済成長期の日本は、輸出に適した為替環境がありました。安価で品質の良い製品を生み出せれば、それを世界に販売しやすかったのです。この点では、産業革命期のイギリスと似たような状況だったと言えます。社内のある特定のスキルが破壊されたとしても、生産性の向上が見込める新しい創造的破壊を導入すれば、企業は成長しやすかったのです。

さらに、当時は終身雇用と年功序列といったいわゆる日本的経営が定着していくプロセスにありました。終身雇用と年功序列は、戦間期と言われる第一次世界大戦と第二次世界大戦の間に誕生しました。戦間期には、工場で労働者に対する大きな需要が生まれていました。特に熟練労働者の供給が足りなかったのです。そこで経営者たちは、新卒の学生を採用し、トレーニングして熟練工を育成しようとしました。しかし、問題が一つありました。せっかく育成したとしても、他の工場に引き抜かれてしまうのです。引き抜かれてしまっては、せっかくコストをかけて訓練しても、その投資を回収できません。

そこで、発明したのが、終身雇用と呼ばれる長期的な雇用慣行と年齢により賃金を上昇させる年功序列でした。この制度の下では、キャリアの途中で外部の労働市場に出ると、企業内の昇進のラダーをもう一度やり直さなければならず、一度入社すれば外に出るインセンティブは少なくなります[47]。

自分の所得を上げようと思ったら、自分の会社を成長させることが大切です。だからこそ、従業員たちは自分の職務を超えることがあっても、会社のためによく協力したのです。だからこそ、日本企業はセクショナリズムが少なく、全体最適を達成しやすかったのです。

もしも、ある職種が創造的破壊によって陳腐化し、企業がその人員を解雇したとすると、「会社はいざという時に救ってくれない。自分のことは自分で考えよう」と従業員は自分の利害を優先するようになります。せっかく構築してきた終身雇用と年功序列の「従業員と会社の利害を一致させ、従業員が会社のために一丸となる」という機能が消えてしまうのです。

最後に、日本は雇用保護が強いことも見逃せません。日本は裁判の判例上、整理解雇が難しいのです。オイルショック以降、特にその傾向は強まりました。だからこそ、創造的破壊によってある職種のスキルが破壊されたとしても、企業にとってはその人員を整理解雇するのは容易ではなかったのです。

このような要因があったため、イノベーションによって破壊されたスキルを身につけてきた人を解雇するようなことはなく、社内の配置転換などで対応してきたのです。イノベーションによりスキルが代替される代償を払っていたのは、スキルが破壊された人ではなく、企業だったのです。

労働組合の役割

スキル代替の代償を誰が支払うのかという点では、労働組合の役割も大切です。労働組合は、労働者の雇用の条件の維持や改善を目的として、企業の所有者である株主から経営を任されている経営者と交渉します。

経営者は、労働者をより効率的に、より安価に働かせるインセンティブを持っています。それにより、利益率が上がるからです。企業が生み出した利益も、労働者と分け合うよりも、株主や経営者への配分を多くするインセンティブが経営者にはあります。

当たり前ですが、労働組合の交渉力が強い場合には労働者側の利害が反映されやすく、交渉力が弱ければ企業側（つまり、株主側）の利害が反映されやすくなります。

労働組合は、労働者のための組織ですから、労働者のスキルを破壊するイノベーションが生み出された時には企業と交渉します。もしも、創造的破壊の導入により企業の生産性が向上したとしても、賃金の低下や解雇など雇用の条件が悪くなることが予想される場合、労働組合はその導入に反対します。逆に、その導入により企業の生産性が向上し、その結果として労働者の賃金が上がったり、雇用条件の改善が期待できる場合、労働組合はその導入に反対しません。そのような場合に、労働組合が求めたのは、機械の導入の阻止ではなく、生産性向上の労働者への分け前の増加（労働条件の向上や賃金引上げなど）でした。

前述のように、戦後の高度経済成長の下では、多くの企業が成長していたため、労働組合もイノベーションを阻止するというよりも、企業の生産性向上のために導入し、労働者の雇用条件を改善していったのです。

欧米では、特定の産業や業種ごとに組織化される産業別労働組合が一般的ですが、日本の労働組合の多くは、企業別労働組合である点も見過ごせません。

一般的に労働組合は、労働者の側に立ち、企業側（企業に資本を提供した株主）と利害の調整を図ります。企業別労働組合の場合には、企業の利害と労働者の利害が比較的一致しやすくなります。外部の労働市場の流動性が低く、多くの人が転職を考えない場合には、なおさらです。従業員たちは、自分たちの賃金を増やそうと思ったら、その企業の業績を良くすることが何より大切になるからです。

イギリスでは1871年の労働組合法により、労働組合の法的な地位が認められました。ストライキ権が認められるのには時間がかかり、正式に認められたのは1906年です。これでも世界で初めてのことでしたが、産業革命には当然、間に合っていません。だからこそ、産業革命期のイギリスでは、労働者の交渉力は弱く、打ち壊しなどの暴力的な手段に訴えるしかなかったのです。

創造的破壊が必要な時にこそ抵抗が大きくなる

イノベーションにより、自分がこれまで積み上げてきたスキルが代替されたとしても、所得が増えるようであれば、その人たちは反対しないでしょう。むしろ、新しい創造的破壊の導入に前向きになるはずです。

そのような状況が、高度経済成長期の日本企業にはありました。企業が成長していれば、イノベーションの導入により、特定のスキルの破壊が起こったとしても、その人員を配置転換により社内で十分に吸収できたのです。

新しいビジネスが生み出され、賃金の高い仕事が多く生み出されていることが、労働者にとっては重要です。イノベーションにより自分のスキルあるいは、自社の競争力が破壊されたとしても、その他にもさまざまな就業機会があれば、すぐに次の就職先を探すことができます。戦後の日本では、これが社内で起こっていたのです。この点でも、経済が成長していることは、創造的破壊への抵抗を小さくする上では大切です。

成長しているどころか、ビジネスが成熟、あるいは衰退している企業が生産性向上のために社員のスキルを破壊するようなイノベーションを導入しようとする場合には、抵抗は大きくなります。経済全体が成長していない時には、なおさらです。

成長が止まった時にこそ、既存のモノゴトを創造的に破壊することが求められます。ただ、最も必要な肝心な時に、その導入が難しいのです。

抵抗がパワーを持つタイミング

抵抗が、いつも効果的だとは限りません。ラッダイト運動も郵便局の前での座り込みも、結局は排除され、機械化をとめることはできませんでした。抵抗が効果的になるかどうかは、その勢力が社会の中でどのようなパワーを持っているのかによります。

中世のヨーロッパで、権力者たちが新しい発明を制限していたのは、ギルドが権力者（王や貴族たち）と良好な関係を保っていたからです。ギルドは経済活動の中心であり、その独占的なポジションは税収の重要な源でしたし、都市の自治権を持っていることすらありました。機械が本格的に導入されるようになったのは、ギルドのパワーが新興の商工業者にとって代わられるようになってからです。

スキルを破壊される人たちがパワーを持てるかどうかについては、タイミングも大切です。先ほどの労働組合の例で考えてみましょう。イノベーションが生み出される前に、労働組合の交渉力が上がっていれば、労働者たちはその導入を阻止できるでしょう。しかし、一度、自動化などが導入され、労働者のスキルが陳腐化すると、組合の交渉力は弱くなります。

【第4章 まとめ】

イノベーションには創造と破壊の側面があります。創造の恩恵は短期的には企業家が手にします。彼・彼女たちにとっては大きな経済的な利益ですが、より大きな恩恵は時間をかけて広く社会に広まります。生産性が高まり、経済は成長します。生活が便利になります。これに対して、破壊の影響は、短期的に、しかも局所的に現れます。

だからこそ、破壊される側は抵抗します。抵抗はさまざまです。ラッダイト運動のような暴力的なものから、社内でのより静かな抵抗、さらには、既存企業によるロビー活動を通じた抵抗もあります。抵抗が力を持つと、イノベーションは社会に導入されません。

第5章　アメリカ型をマネするな

ここ100年で生み出された世界でもインパクトの大きなイノベーションを見ると、そのほとんどがアメリカから生み出されています。

だからこそ、アメリカから学ぼうと考えることは自然です。実際に、多くの国や地域でアメリカ的な仕組みを取り入れようと、さまざまな試みがされてきました。例えば1980年代以降、シリコンバレーから多くのイノベーションが生み出されるようになると、そのような産業集積を生み出すための試みが重ねられました。アメリカのスタートアップに注目が集まると、同じように新興企業用の資本市場やベンチャー・キャピタルのための制度整備をしてきました。

確かに、模倣できるベストプラクティスがあれば導入すれば良いでしょう。しかし、本当に、意味ある模倣ができるのでしょうか。そもそも、アメリカ型のイノベーション・システムは模倣すべきモデルなのでしょうか。イノベーションを考える時、実は私たちはアメリカの一部しか見ていないのです。

1　世界をリードするイノベーション大国

人類は、数えきれないほどのイノベーションをつくりだし、自分たちの生活を変えてきました。私たちの現在の生活を支えているのは、過去に誰かがつくったイノベーションです。例えば、馬のハミの発明によって、陸上の移動が格段に速くなりました。馬鍬《まぐわ》をつくり出したことで、牛・馬などの家畜を使った農耕の生産性が上がりました。上下水道は公衆衛生を向上し、屋内配管は水くみという ひどく大変な仕事から人々を解放しました。電信電話により、遠隔地とのコミュニケーションが楽に行えるようになりました。ペニシリンに代表される抗生物質は、人々の健康には欠かせません。ジェットエンジンにより、私たちは世界中を手軽に旅行することができるようになりました。このように、私たち人類の生活の仕方を一変させたイノベーションだけを見てみても無数にあります。

具体的なイノベーションを見てみましょう。ただ、具体的に見ていくのはそう簡単ではありません。イノベーションには目立つものもあれば、目立たないものもあります。イノベーションの範囲も、一つのネジから新幹線のような大規模なシステムまでさまざまです。

そのため、ここでは具体的なイノベーションをリスト化しているものを見ていきます。世界を変えるような発明や発見のリストはたくさんありますが、人気投票的な側面もあり、それぞれリストの選定基準が異なっています。そこで、ここでは『人類の歴史を変えた発明1001』、『世界の発明発見歴史百科』、そして『1000の発明・発見図鑑』という三つの書籍を使って、共通にリストアップされているものを見てみましょう。三つのリスト全てに

表1　戦後世界の代表的なイノベーション

発明年	イノベーション	発明国
1945/1965	電子レンジ	アメリカ／日本
1947	トランジスタ	アメリカ
1952	ポリオワクチン	アメリカ
1953/1959	フロートガラス	イギリス
1958/1959	集積回路	アメリカ／イギリス
1960	レーザー	アメリカ
1978/1993	全地球測位システム（GPS）	アメリカ
1979/1989/1995	DNAの配列決定/DNAマイクロアレイ/DNA配列の解読	イギリス／アメリカ
1983/1985	ポリメラーゼ連鎖反応	アメリカ
1989/1990	ワールド・ワイド・ウェブ（WWW）	アメリカ／スイス

出所：（清水洋, 2019）p151、表2

登場するものがあれば、それが重要な発明であると見解が一致していると考えられます。全てに共通して登場する発明は10個あります。これらはどれも私たちの生活を大きく変えたものであり、世界のベスト10と言ってよいでしょう。

リストにより発明年や発明国が異なる場合には、スラッシュを入れてあります。

まず、リストを見てみてください。私たちの生活を大きく変えたものばかりです。そして、インパクトあるイノベーションを生み出しているのは先進国ばかりです。イノベーションは経済的な成長をもたらすと同時に、経済的に豊かな地域から生み出されやすい傾向が見られます。経済的に豊かであれば投資がされ、試行錯誤が多くなるからです。知識の波及効果も生まれます。新しく生み出されたイノベーションから人々は学び、さらなるイノベーションを生むのです。そのため、雪だるま式に生み出されやすくなります。

国ごとに見てみると、ほぼ、アメリカから生み出されていることが分かります。アメリカがフロートガラス以外のイノベーションの発明国、全てに含まれています。イギリスがアメリカに次いで3件入っていますが、アメリカと比べると存在感は大きくはありません。

日本は、電子レンジが このリストに入っています。これは、アメリカで開発された電子レンジを日本企業が小型化し、実用化したことが評価されたものです。日本が生み出したイノベーションはこの他にもたくさんあるぞと言いたくなるのですが、トランジスタやGPS、WWWのようなものに匹敵するものがあるかと言われると、残念ながらありません。

リベラル型と調整型のシステム

経済成長の程度や、それにつながるイノベーションのあり方は、国によって異なっています。これは、それぞれの国によって制度や利用可能なヒト・モノ・カネといった経営資源の質や量が異なっているからです。さらに、どのような制度が成立するかは歴史的な経緯にもよります。そして、それぞれの国や地域の制度の下で、企業や政府、あるいは研究機関・大学などの組織はそれぞれの目的を最大化しようとします。その結果として、イノベーションのあり方が方向づけられるのです。システムとして機能するので、ナショナル・イノベーション・システムと呼ばれたりします。

図8　リベラル型と調整型の特徴

調整型
・企業内部の労働市場が発達し、企業は社内で人材を育成し、競争させ、必要な人材を登用する
・企業の資金調達では、間接金融が重要な役割を果たしており、ガバナンスにおいて銀行が重要な役割を担っている
・参入や退出が比較的少なく、企業は短期的な需要の変動に合わせて経営資源の調達・整理は行わない

リベラル型
・外部労働市場が発達し、企業は労働市場から必要とする人材の調達を行う
・企業の資金調達では、直接金融が支配的であり、ガバナンスにおいて株主が重要な役割を担っている
・参入や退出が比較的多く、企業は需要の変動に合わせて経営資源の柔軟な調達や整理を行う

出所：清水（2022b）p123、図表5-8を一部修正

なぜ、アメリカからインパクトの大きなイノベーションが生み出されてくるのでしょう。それは、ラディカルなイノベーションの生成に適したナショナル・イノベーション・システムがあるからです。ハーバード大学のピーター・ホールとデューク大学のデビッド・ソスキスらは、リベラル型と調整型の二つに経済のタイプを分けています[48]。もちろん、この二つは特徴を結晶化させたものなので、実際の国々のナショナル・イノベーション・システムはより多様性に富んでいます。このことに注意しながら考えてみましょう。

リベラル型に近い国はアメリカ、イギリス、オーストラリア、カナダ、ニュージーランド、アイルランドなどがありま

す。そして、調整型には、ドイツ、日本、スイス、オランダ、ベルギー、スウェーデン、ノルウェー、デンマーク、フィンランド、オーストリアなどが近いと考えられています。136頁の図8は、それぞれの定型的な特徴をまとめたものです。

リベラル型と調整型の国では、資源の配分方法が異なることがポイントです。リベラル型の国では市場メカニズムが、調整型の国では組織が資源配分において中心的な役割を果たしています。

例えば、企業が新しいビジネスのための資金調達をするとしましょう。リベラル型の国の企業は資本市場から直接資金を集める傾向があります。それに対して、調整型の国の企業は、銀行や自社の社内留保からの資金調達が重要な役割を担ってきました。この違いは、企業のガバナンスにも影響を与えています。リベラル型の国では、株主が中心的な役割を果たすのに対し、調整型の国では、銀行がより重要な役割を担っています。

人的資源、つまりヒトの調達でも同じです。リベラル型の場合は、従業員に対する雇用保護の程度は弱く、企業は必要な人材を労働市場から調達し、需要の縮小などにより人員が過剰になったり、イノベーションによりスキルが陳腐化した場合などには、速やかに解雇を行います。

一方、調整型の国では雇用保護の程度が強く、社内の労働市場が発展しやすくなります。必要な人材は社内で育成し、社内で調達します。企業は需要の減少やスキルの陳腐化などが起こっても、すぐに従業員を整理解雇することはありません。企業と従業員との間には長期的な雇用関係が形成されています。そのため、従業員は企業特有のスキルへの投資をためらいません。また、社内での競争が存在するため、従業員は単に成果を出すだけでなく、企業に対するコミットメントも求められます。

調整型の国にも一定の制約が存在します。経済が不況に入った時に失業率が高くなりにくい一方で、企業は社内に潜在的な失業者をかかえることになります。そのため、不採算のビジネスからの撤退が遅くなり、社内のビジネスの新陳代謝が遅くなり、産業レベルでの企業の入れ替わりも遅くなります。その結果、停滞からの回復は緩やかなものになります。

また、企業は整理解雇が難しいため、新規性の高い専門性を持つ人材を採用することをためらいます。もしもその人材の専門性が陳腐化した場合に、解雇することが難しいからです。技術進化のスピードが速い領域では、現在、最先端の仕事をしている人が10年後、20年後にも最先端であり続けることは難しくなります。そのため、高い専門性を持つ人材よりも、必要性の変化に対応できそうな人材を採用する傾向が高くなります。だからこそ、日本では修士や博士号といった専門性の高い学歴よりも、いわゆる偏差値の高い高校・大学に行った学校歴の方が重視されてきたのです。

リベラル型の国では、人材のスキルが陳腐化した場合でも、比較的容易に整理ができるため、新しい専門的なスキルが必要になった際には、柔軟に市場から人材を調達することが可能です。不況期には、失業率が高くなりがちですが、企業は不採算のビジネスから撤退しやすいため、停滞からの回復は早くなります。産業レベルでの企業の入れ替わりや、社内のビジネスの新陳代謝も早くなります。

このように、リベラル型と調整型の国では、それぞれの型には一長一短があり、社会としてどちらの方が良いとか、悪いなどはありません。トレードオフが必ずあるわけです。

ラディカルなイノベーションを生みやすいシステム

リベラル型の国にはラディカルなイノベーションを起業が生み出すのには良い条件がある一方で、調整型の国には累積的なイノベーションを生み出すのに良い条件がそろっています。実際に、ホールらはアメリカとドイツの特許を比較し、ラディカルなイノベーションはアメリカ企業から、そして、累積的なものはドイツ企業から生み出される傾向を発見していま す[49]。

ラディカルなイノベーションは、発達したエクイティ・ファイナンス（株式発行による資金調達）の市場とそれによって活発になる合併買収市場、流動的な労働市場、高等教育システムへの大型の投資、トップダウンの意思決定、短期的な収益性を比較的重視する企業のガバナンス、高水準の産業レベルでの企業の入れ替わり、などとの間に正の相関が見られています。ラディカルなイノベーションは、これらの制度と共起するのです。

その一方で、累積的なイノベーションは、短期的な収益性よりも、長期的な雇用の安定性を求める企業のガバナンス、企業特殊的な知識を蓄積する人的資源管理のシステム、コンセンサスをベースとした意思決定システム、低水準の企業の入れ替わりなどと共に起こる傾向が見られています。

もちろん、どのようなイノベーションを生み出すのかは、それぞれの企業の戦略です。また、産業のライフサイクルによっても、生み出しうるイノベーションは異なっています。産業の揺籃期にはラディカルなイノベーションが多く生み出され、成長期や成熟期では累積的なイノベーションが増えます。そのため、リベラル型の国から累積的なイノベーションが出てこないとか、調整型の国の企業はラディカルなイノベーションが生み出せないわけではありません。しかし、企業は、それぞれの国の制度やそこで利用可能な経営資源の影響を受けながら、自社の利潤を最大化します。アメリカには、ラディカルなイノベーションを生み出すのに適した条件がそろっていると言えます。

日本では、ラディカルなイノベーションが足りないと指摘されることがしばしばあります。そのようなイノベーションを生み出すための条件に乏しいのですから、当たり前だともいえます。風に向かって走ると大変です。頑張って走る人もいますが、労力の割には進みません。風の流れを考えて、それを利用して走るとグイグイ進みます。

もしも、ラディカルなイノベーションを多く生み出したいのであれば、風の向きに逆らっても走る人をつくろうとするよりも、風向きを変えることが大切です。

ラディカルが常に好ましいわけではない

ラディカルなイノベーションと累積的なイノベーションと聞くと、「やっぱりラディカルなイノベーションの方が大切なのではないか」と思う人は多いのではないでしょうか。もしも、ラディカルなイノベーションの方が好ましいのであれば、経済システムもリベラル型に変えていく方が良いでしょう。

しかし、ラディカルなイノベーションの方が常に大切になるわけではないのです。そもそも、「小さな改善や改良なんてイノベーションと呼べるのか」と考える人もいるでしょう。確かに、既存のモノゴトとの差の程度から言えば、ずいぶん小さなものも含まれます。

それでも、経済的な価値を生み出すためには、小さな改良や改善の積み重ねが必要なのです。既存のものを大きく変革する新しいモノゴトが当初から経済的な価値を生み出すことはほぼないのです。はっきり言えば、そのような新しいモノゴトは、興味深いものではあるものの、粗雑で使い物にならないものです。これを使えるようなものに洗練させていかなければ、経済的な価値は生まれません。つまり、ラディカルなイノベーションと累積的なイノベーションは、補完的な関係にあるのです。これは、第2章でも見てきました。ここでは、もう少しその補完関係を考えて行きましょう。

イギリスの産業革命で重要な役割を担った蒸気機関も、それが発明された当初の熱効率は低く、故障も多く、はっきり言って使い物にならないものでした。人工知能の基本的なアイディアは1956年には既に生み出されていました。しかも、そのアイディアは1956年に唐突に生み出されたものではなく、1950年代初頭から研究者の間で議論がされていたものでした。つまり、人工知能を実際に「使えるもの」にするのには、長い時間がかかっているのです。自動運転技術もここ数年で急に開発されたものではなく、1978年にアンチロック・ブレーキ・システム（Anti-lock Break System：ABS）が導入されています。ラディカルなイノベーションであると考えられている人工知能や自動運転ですら、累積的な改良がなされているからこそ、徐々に「使えるもの」になっていくわけです。

さらに、どちらのイノベーションが大切になるのかはタイミングによります。カギは、ドミナント・デザインです。これは、市場で支配的な製品やサービスの設計思想のことです。クルマのパワートレイン（エンジンの回転エネルギーを駆動輪に伝える装置の総称）で考えてみましょう。もともとは馬車であり、馬がパワートレインだったわけです。ガソリンを燃料とするクルマがこれにとって代わったのですが、T型フォードより以前の時代には、さまざまな新しいクルマが競争していました。蒸気機関や電気自動車などとの競争があったのです。実際、1900年にアメリカで製造されたおよそ4200台の自動車のうち内燃機関は4分の1程度であり、当時の多くの自動車は蒸気機関でした。

ドミナント・デザインを巡って競争している時には、ラディカルなイノベーションがより重要な役割を果たします。累積的な改良を施していたとしても、自社の製品やサービスがドミナント・デザインにならなければ無駄な努力だからです。既存のモノゴトを前提とせずに、むしろそれを代替するようなイノベーションが必要なのはこのタイミングです。

そして、T型フォードの登場が大きな契機となり、ガソリンを燃料とした内燃機関がドミナント・デザインになりました。一旦、ある製品やサービスがドミナント・デザインとなると、その後は、累積的な改良が重要になります。ドミナント・デザインを前提に、いかに、それを洗練させていくか、効率的に生産するかなどが、競争の焦点になるのです。ドミナント・デザインが成立すると、それを変更するためにはコスト（スイッチング・コストと呼ばれます）がかかります。ドミナント・デザインと補完的な製品やサービスが生み出されたり、そのための制度整備がされるからです。振り返れば、内燃機関がドミナント・デザインになってから100年以上がたちました。

ただ、同じドミナント・デザインが永久に続くわけではありません。既存のモノゴトの改善を続けても、その成果は乾いたぞうきんから水分を絞り取るように、少しずつ逓減していきます。脱成熟が求められるようになってきます。再び、ラディカルなイノベーションが求められるようになるのです。このように、ラディカルなイノベーションと累積的なイノベーションは相互補完的であり、その重要性はタイミングによって変わるのです。

2　広がる格差と増える絶望死

アメリカから多くのイノベーション、特にラディカルなイノベーションが生み出されています。企業の新陳代謝も大きく、大きく成長するスタートアップも次々と生まれています。このアメリカの良い側面を見れば、そこを模倣したくなるのも分かります。

ただし、注意してください。ヒト・モノ・カネといった経営資源には限りがあります。社会はつながっていますから、あるところに多くの経営資源を配分すれば、それだけ他のところに配分される経営資源は少なくなります。トレードオフが常に存在しています。

イノベーションを生み出すシステムにも、当然トレードオフがあります。しかし、イノベーションを生み出すことは、「善きこと」と考えられていますから、ついつい負の側面は忘れられがちになります。もちろん、企業であれば、イノベーションを生み出すことを中心に経営資源を配分していくことが求められます。それこそが企業が社会で果たす重要な機能です。企業は不採算となったビジネスから、有望なビジネスへと経営資源を動かしていきます。生産性の低い企業は市場から退出することが求められます。しかし、国レベルで見ると、そうはいきません。政府が国民にあなたは生産性が低いので退出してくださいと求めることはできません。

広がる格差

多くの国で所得格差が広がっています。これを分かりやすく一般向けに解説したのは、パリ・スクール・オブ・エコノミックスのトーマス・ピケティです。彼は、『21世紀の資本』で1980年代以降、アメリカやイギリス、カナダ、オーストラリアなどで高所得者へ所得が集中する割合が高まっていることを示しました[50]。この傾向は国ごとに若干の違いはあるものの、ヨーロッパやアジアの国でも見られています。

所得格差を知るためには、所得を正確に測定しなければなりません。しかし、これは簡単ではありません。課税対象や所得源も変わったりします。納税者は租税回避の手段も講じます。脱税している人もいるでしょう。申告書で申告されない所得を正確に推計することは簡単ではありません。政府の支出（例えば、教育支出や社会保障給付など）も個人の所得として割り当てなければなりません。

ピケティらは、個人の確定申告に基づいて、未申告の所得を推計した上で、税引前の所得の上位1%の人の合計所得が、国民全体の所得に占める割合の上昇を発見しています。この推計方法が異なれば、所得の格差の程度も異なってきます。そこで、アメリカ財務省のジェラルド・オウテンらは、未申告の所得をピケティらと異なるかたちで推計してみると税引前の所得での上位の占有は上昇していたものの、増加幅はそれほど大きくないことや、税引き後の所得の上位の占有はそれほど変化していないことを発見しています[51]。ただ、オウテンらの未申告の所得の推計方法が適切なのかについても議論されているとともに、オウテンらが指摘したポイントを考慮に入れたとしても、アメリカで所得格差が広がっていることを示す証拠は多く見られています[52]。

ピケティは格差拡大の原因を、「資本収益率（r）＞経済成長率（g）」という分かりやすい式で説明しました。経済全体が成長する速度よりも早く資本が増え、資本を持っている人がさらに資本を得やすいというわけです。

ピケティは必ずしも、格差の原因がイノベーションにあるとは考えていませんでした。しかし、アメリカの研究者を中心に、格差の大きな原因の一つはイノベーションにあるのではないかという指摘がなされるようになっています。

第3章では、中程度のスキルの仕事がイノベーションによって破壊されていることを見ました。定型的なタスクが多い中程度のスキルの職業が減り、賃金も低下しています。労働人口において増えているのは、高いスキルが求められる職業と低スキルの職業です。

もちろん、イノベーションが導入されると労働者全ての賃金が下がるわけではありません。むしろ、そのイノベーションと補完的なスキルを持っている労働者の賃金は上がります。これが労働者の間の賃金格差を生み出すわけです。

スキルの破壊のインパクトは、賃金低下だけではありません。スキルが破壊され、失業期間が長くなると、職を探すのをやめてしまう人がでてきます。アメリカでは1970年代から高校中退や高卒、大学中退の25歳から54歳のいわゆる働き盛りの男性の労働参加率が、継続的に低下しています。1970年代にはこの年齢層の男性の労働参加率が90％近くまであったのですが、2000年代に入り低下、特に高校中退の人たちでは80％を下回っています。仕事がなくなり、それを探すことも諦めて労働市場から抜けていっているのです。

学歴による所得格差の拡大も分かっています[53]。中学卒業や高校卒業、あるいは大学卒業の人の所得はほとんど伸びていない一方で、大学院卒の人の所得だけが着実に伸びているのです。これはスキルの両極化と格差の拡大の一側面です。

増える絶望死

世界の平均寿命は最近の150年間で延びています。ところが、アメリカで特定の層の人たちの死亡率が、特に、中年のヒスパニック系ではない白人男性の死亡率が1998年から上昇しています。その内訳を見ると、2000年頃からアメリカで絶望死が増えているのです。絶望死とは、自殺、薬物の過剰摂取、アルコール性肝疾患によって死んでしまうことです。ショッキングな出来事であることと同時に、先進国のアメリカで、ある特定の人たちの死亡率が高まっているという特異な現象に注目が集まっています。

この死亡率の高まりをよく見てみると、学歴と大きく関係していることが分かっています。

プリンストン大学のアン・ケースとアンガス・ディートンは、特に4年制大学の学位を持っていない白人の男性の絶望死が増えていることを明らかにしています[54]。1990年には10万人に30人だった45~54歳の白人の絶望死が、2017年には92人にとおよそ3倍に増えています。

なぜ、アメリカで中年の白人で大卒の学位を持たない人の絶望死が増えているのでしょう。この背後には、アメリカの国民皆保険制度がないことや、麻薬性鎮痛薬のオピオイドの乱用、あるいは教会の役割の低下など、多くの要因が絡み合っています。

その中でも、特に大学卒の学位を持たない男性で絶望死が増えているのは、この層が担ってきた仕事が国内からなくなってきたことが大きな要因だと考えられています。アメリカでは製造業に従事する人の人数が減っています。1979年にはアメリカでは1950万人が製造業で働いていましたが、2007年には1380万人にまで減っています。

ただ、アメリカの製造業の生産はこの間も増え続けています。なぜなら、企業は、生産拠点を海外に移したり、ロボットを導入し工場を省力化したりしてきたからです。企業が生産性を向上させるために、コストのかかる労働者の雇用を減らしているのです。

追い打ちをかけたのは、2001年の中国のWTO加盟です。中国の製品やサービスがさまざまな国に輸出されるようになりました。デビッド・オウターらは、中国のWTO加盟により、アメリカでおよそ200万~300万の職が失われたと推計しています[55]。この影響は、自動車部品など中国製品と代替が可能な産業で顕著であり、自動車産業が中心であった地域経済を大きく衰退させました。そのような地域で、婚姻率は下がり、死亡率が上がっていたのです[56]。

グローバル化の進展により、国内企業は工場やサービスなどを、より安価に経営資源を調達できる国や地域に移転させていきます。それまで国内企業から調達していたものを、海外からの調達に切り替えます。つまり、国内の労働者のスキルが、移転先に導入された新しい生産方式やそこの労働者に代替されたのです。

スキルが破壊されることは、単なる所得の問題だけではありません。仕事をすることは、自分が社会に必要とされているという感覚を生み、自尊心を満たしてくれます。仕事仲間とのつながりは、コミュニティになります。仕事が安定していれば、人生設計も立てやすくなります。無職だったり、所得が低い人（特に男性）は、有望な結婚相手としては認識されにくくなります。実際、学歴の低い白人男性の婚姻率は下がっています。結婚して、子どもを持つ選択を望んだとしても、それが得られにくくなっているのです。

絶望死の増加は、アメリカで顕著です。平均余命は中所得者や高所得者で伸びている一方で、一部の貧困層では低下が見られているのです[57]。このような傾向は他の国ではまだ目立ってはいません。

これは、各政府が社会的セーフティーネットを通じて、労働者に保険を提供している程度がアメリカより大きいからです。例えば、イギリスでも学歴が低い人たちの所得の伸びは、税引き前には低くなっています。しかし、税引き後、つまり、政府からのサポートの後では、賃金の伸びはスキルが高い人と低い人の間では差はなくなっているのです。イギリスには国民皆保険制度がありますが、アメリカにはありません。つまり、セーフティーネットがアメリカと比べるとまだある程度は機能していると言えます。

子どもの貧困

イノベーションによりスキルが破壊されて仕事がなくなっていく地域に住む家庭がある一方で、それとは無縁の世界に生きている人たちもいます。高いスキルを持ち、イノベーションと補完的な仕事についている人たちです。

大学や大学院を卒業し、高いスキルを持った人たちはコミュニティをつくっていきます。そして、同じようなスキルや経歴の人と結婚します。

労働者階級のシンデレラは舞踏会に忍び込み、素敵な王子と出会います。しかし、多くの人は普通の生活では自分とは異なる経歴やスキルを持った人とはロマンティックな関係にはなりません。なぜなら、学校や職場、あるいは友人関係のなかで、学歴やコミュニティが大きく異なる人たちとはそもそも出会わないのです。高いスキルを持った人たちが互いに結婚し、ダブルインカムで、さらに世帯の所得は高くなります。

アメリカでは無職の男性は家庭を持つことが難しくなり、婚外子を持つ独身女性が増えています。婚外子の多さは結婚制度とも関係しています。事実婚が多くなれば、婚外子も多くなるので、それだけで問題というわけではありません。ただ、アメリカで増えているのは、大学に進学しなかった女性の婚外子です。彼女たちの家計は苦しく、子どもへの教育投資は限られます。

アメリカでは所得の上位10％の家庭に育った子どものおよそ90％が大学に進学する一方で、下位10％の家庭に育った子どもが大学進学する確率はわずか30％でした[58]。貧しい家庭に育つと、それだけで最初からハンディキャップを負うことになります。

さらに、どの地域で生まれるのかも影響します。生まれた地域が良ければまだ希望があります。しかし、イノベーションによってスキルが破壊され、移動しようにも移動できずにそこに取り残されている人たちが多い地域で育つと、子どもは所得が低いままにとどまりやすいのです。所得の下位20パーセンタイルの家庭から出発した子どもが全米所得分布の上位20パーセンタイルに到達する確率は、シリコンバレーがあるサンノゼではおよそ13％であったのに対して、ノースカロライナ州のシャーロットでは4％ほどだったのです。子どもたちは十分な教育投資がされないため、子どもたちが大人になった時にそのような状況を抜け出す社会的移動は制限されてしまいます。

「自由の国」ともいわれるアメリカですが、社会階層の移動は、現在ではアメリカの方がヨーロッパよりも低くなっています。OECD加盟国の中では下位5分の1の子どもが、下位5分の1にとどまる可能性は33・1%でアメリカが最も高く、26・7%のスウェーデンが最も低くなっています[59]。また、下位5分の1の子どもが上位5分の1に移動する可能性はアメリカは7・8%であるのに対して、ヨーロッパは平均するとおよそ11%です。

下位5分の1になっている人にとっては、希望は少なくなります。所得は増えず、裕福な人たちとの差は開くばかりです。そのような人は、機会の平等によって与えられたチャンスを活かせなかった自分を責めるか、あるいは誰かが自分の仕事を奪ったと怒るのです。

随意雇用という仕組み

企業が遊休資産を持つことは、利潤の最大化という点では好ましくありません。遊休資産を抱えれば、それだけ利益率が下がります。

遊休資産を速やかに整理できるかどうかは、企業の生産性に大きく影響します。企業のマネジメントからすれば、既存のモノゴトをより良いモノゴトに置き換えていくことは大切で、置き換えがしやすい方が好ましいのです。

イノベーションが社員のスキルを破壊する場合には、社員からの抵抗が起こるかもしれません。一方で、社員のスキルの代替を恐れて新しいモノゴトを導入するのをためらったり、スキルが陳腐化した人材を社内に抱えておけばその企業の利益率は低下します。

アメリカは世界で最も解雇をしやすい国の一つです。2023年にアメリカの大手IT企業がこぞって1万人規模のリストラを行ったことは大きなニュースとなりました。このようなリストラを進められるのは、アット・ウィル・エンプロイメント（随意雇用）の原則があるからです。この原則は、州ごとに異なる例外事項が存在するものの、期間の定めのない雇用契約において雇用者と被用者の双方から、その理由を問わずに自由に契約を解除できるものです。

従業員の働きが支払う賃金に見合わない場合や、労働者の生産性や賃金が調整できない状況では、企業側に労働者を解雇するインセンティブが生じます。イノベーションによって従業員のスキルが破壊される場合も、同じです。

インセンティブが存在したとしても、実際に解雇が行われるかどうかは、それを行う障壁に依存します。解雇を行う障壁が低ければ、企業は必要に応じて解雇を行います。逆に、その障壁が高ければ、雇用を継続します。この障壁が雇用の保護の程度です。

雇用保護は、法律や労働協約、または個々の雇用契約によって明示されます。例えば、第三者（裁判所や労働検察官など）への通知、解雇のための予告期間と退職金、解雇できる条件、不当解雇が判明した場合の雇用主への罰則などがそれに該当します。

これらの規制が実際にどのように運用されるかは、裁判所の判断とその執行によります。つまり、解雇に厳しい規制が存在していたとしても、その運用が緩い場合もあれば、逆に運用が厳しくされている場合もあります。日本は、法律の雇用保護の程度は強くはありませんが、裁判の判例により、企業が整理解雇を行う障壁は高いものとなっています。

整理解雇がしやすいので、アメリカの企業はスキルが陳腐化した従業員や余剰人員を速やかに解雇できます。アメリカのスタートアップが急成長している背景には、この弱い雇用保護の存在があります。弱い雇用保護は、企業にとってはブレーキのようなものです。よく利くブレーキがあるからこそ、アクセルを踏むことができます。雇用保護が弱いからこそ、企業は新規性の高い領域へ思い切った投資ができるのです。新規性の高いビジネス機会は、成功しないリスクも高く、ビジネスの方向転換が必要な場合も多いでしょう。新規性の高いビジネス機会の開拓のために、高い専門性を持つ人を雇ったとしても、方向転換が必要となれば速やかに整理解雇を行えるのです。

労働組合の弱体化

労働組合への加入率が多くの国で低下しています。労働組合の弱体化の要因はさまざまあります。企業が労働組合の組織化に抵抗していることや、労働法がそれをとめられていないことは重要な要因です。労働組合が提供するサービスは社内にいる人にとっては誰もが享受できる公共財であることから、フリーライダー、つまり、労働組合には入らず、その恩恵だけを享受する人が増えたこともあるでしょう。さらに、企業側が従業員をフリーランスなどの独立した請負業者に転換してきたことも重要なポイントです。独立した請負業者は基本的には労働組合を組織できません。

アメリカでは顕著に労働組合の力が低下しています。企業は強制仲裁という手続きを従業員に約束することで、従業員が労働者としての権利を侵害された場合に、企業を相手に訴訟を起こす権利を放棄させる契約を慣例的に行っています。強制仲裁というのは、労働者と企業の間の法的な争いを仲裁する仕組みで、民間の仲裁機関によって交渉が行われます。どの仲裁機関を選ぶかは、雇用している側が選べるので、雇用主に有利な裁定が出やすいのです。労働組合が弱体化することにより、企業に対する労働者の交渉力は弱くなっています。それは即ち、スキルを破壊するイノベーションに対して、労働者が脆弱になってきていることを意味します。

労働組合の交渉力が比較的強く、雇用保護の程度も高いドイツで興味深い現象が起きました。中国は2001年にWTOに加盟し、世界の自由貿易体制に入りました。これにより、低い労働コストと改善された製造技術を基に、中国から多くの製品がさまざまな国に輸出されるようになりました。中国のWTO加盟は、前述のようにアメリカの製造業に大きな影響がでました。

このショックはドイツの製造業にも影響しました。アメリカでは企業が整理解雇を行いましたが、ドイツでは雇用保護が強かったため企業の対応が異なりました。

労働組合は賃金引き下げに応じる代わりに、雇用の保護を求めたのです。また、労働組合は、労働者へのトレーニングの機会の提供も求めました。リスキリング（労働者の再訓練）のコストを企業側に求めたとも言えます。企業はそれに応じました。ドイツの企業にとっては解雇するのは高くつくため、従業員の再訓練を選んだのです。これによって、ドイツでは、チャイナショックを受けたセクターと受けていないセクターの間での賃金に差が出たものの、国内の製造業の雇用を保つことができました。

ドイツでは、共同決定制度（Mitbestimmung）と呼ばれる制度が導入されています。これは、企業の意思決定プロセスにおいて労働者の参加を法制化したもので、特に大企業（従業員が2000人以上）の監査役会（ドイツ企業の最高意思決定の場です）に労働者と資本家の代表を同数送り込むことを義務づけています。この制度では、労働者代表と株主代表がほぼ等しい影響力を持つことになります。そのため、経営陣と労働者の間の透明性が増すと考えられています。企業の柔軟な意思決定が削《そ》がれる一方で、労働者の権利の保護は強まります。

労働組合が弱いと、イノベーションによってスキルが破壊される代償は、そこで働く人が引き受けることになります。イノベーションの果実も労働者より、企業側へ多く配分されます。労働組合の交渉力が強ければ、スキル破壊の代償は企業と共有され、お互いの利益になるような着地点を探ります。

ただ、注意も必要です。労働組合の交渉力が強い場合には、短期的にはこのようなショックから労働者を守ることができます。しかし、それが長期的にも機能するかは、従業員のスキルアップのスピードとそのコストに依存します。再訓練のプログラムを企業が提供したとしても、それよりも技術変化が速いスピードで進んでしまうとその企業は競争力を失います。自動車の製造工場で働いていた従業員に、自動運転システムに使うＡＩの開発者になるための再訓練プログラムを提供しても、スキルの習得には時間もコストもかかるでしょう。そのような場合、労働組合はイノベーションの抵抗勢力にもなります。

スキルが破壊される人をそのままにする結末

スキルが破壊された人たちが、そのままでいるとどうなるのでしょう。第3章で見たように、格差は開き、絶望する人たちが多くなってしまいます。少し違う観点からも考えてみましょう。

ウィーン出身の経済人類学者カール・ポランニーが第二次世界大戦中の1944年に『大転換』で示したストーリーが示唆的です。彼は、今でいう新自由主義的な考え方が、結果として保護主義的な政策や全体主義に結びついていったことを描いています。少し見てみましょう。

世の中には、既得権益者がいます。既得権益者とは、全体の効率性を犠牲にしてでも、自分が手にした利益を手放さないようにする人たちです。その人たちは、イノベーションにとっては抵抗勢力になりますし、社会の生産性を下げてしまいます。

既得権益が生まれる大きな原因は、政府による規制や保護です。規制や保護は当然、理由があって定められたものですが、時間とともにその意義が薄れてくることもあります。その規制や保護を上手く利用して、稼ぐ人も出てくるのです。

既得権益は、市場の競争を歪め、ヒト・モノ・カネといった経営資源が最も有効に活用されるのを妨げます。そのため、既得権が生まれないように、規制を緩和し、保護をできるだけなくし、自由で公正な競争を促進するべきだと考えられるようになりました。これは、現在では新自由主義と呼ばれる市場メカニズムを中心とする考え方で、保護主義とは反対の考え方です。保護主義は、まさに第一次・二次世界大戦に至る過程が象徴的なように、全体主義を呼び寄せて、戦争へとつながっていった歴史もありますし、新自由主義の観点からは、克服しなければならない課題でもあったのです。

確かに保護主義や全体主義はあまり良くなさそうです。しかし、これに対して、ポランニーは保護主義や全体主義は、新自由主義的な考え方(当時はまだ新自由主義とは呼ばれていませんでしたが)を押し進めていく結果として生じるものだと主張したのです。

その論理は次のようなものでした。まず規制や保護をなくしていくと、自由な競争になり、その結果としてどうしても経済的な格差が開いていきます。そのとき、富裕層と貧困層を比べると、人数は後者の方が圧倒的に多くなります。このことは、民主主義では、貧困層が大票田となることを意味しています。すると、そこに訴求するような保護主義や全体主義的な政策をかかげる政治家が現れるのです。そして、ブロック経済化が進み、実際に第一次世界大戦へと突入していきました。

イノベーションについても同じです。イノベーションが社会で促進されると、当然、短期的には、スキルを破壊される人が増えます。賃金が上がりにくくなったり、仕事を失ったりする人が出てくるのです。もちろん、イノベーションを生み出した人やそこに投資をした人は大きな富を得るでしょう。ただ、人数としては多くはありません。

現在の私たちが暮らす民主主義では、所得によらず、人々は等しく一票を持っています。スキルを破壊された人が多く出てくれば、その人たちが大票田になります。当然、そこを狙う政治家が現れます。さらに、格差が広がり、移民の問題や国のアイデンティティのあり方などが争点になると、ポピュリストの右派政党の得票は多くなります。そのような政治家は、典型的には保護主義的な政策をかかげるでしょう。例えば、グローバリゼーションにより競争力を失ったアメリカ中西部の製造業に対して、保護主義的な政策を掲げて当選したドナルド・トランプ大統領が典型です。

歴史的に見ると、戦争は、結果として格差を縮小させてきました。戦争による物理的な資本の破壊や、株式市場の暴落が富裕層の資本所得を減少させたからです。しかし、このままポランニーの描いたストーリーのように、戦争に行きついては困ります。それはどうしても避けたいシナリオです。

3　どこかに正解がある？

イノベーションによるスキルの陳腐化が起こっています。この負の側面は他の国でも見られていますが、アメリカで顕著に現れています。次の章で詳しく見ていきますが、イノベーションによってスキルが破壊されるリスクを個人が負うようになっているのです。その結果、実際にスキルが破壊された人がなかなかそこから回復できなくなっています。

一般的に、アメリカは失敗に寛容な社会であり、それは日本が見習うべきであると言われてきました。しかし、寛容であったのはイノベーションを生み出そうとした際の失敗であり、イノベーションによってスキルが代替されてしまった人には寛容ではなかったのです。

イノベーションで、既存のモノゴトが、より効率的あるいは効果的な新しいモノゴトに置き換えられるからこそ、生産性は向上します。一方で、アメリカのモノゴトの置き換えや、それに伴う企業の新陳代謝の速さは、スキルを破壊されてしまう人にそのリスクを負わせていたからこそ達成できていたものです。イノベーションの創造の側面だけを見ていると、ベストプラクティスのようにも見えるのですが、破壊の側面まで視野を広げると、手放しで模倣するべきとは考えられなくなります。

国防が支える創造

さらに、日本にとってアメリカのシステムの模倣が難しいポイントもあります。アメリカのナショナル・イノベーション・システムで基礎研究を強力に支えているのは国防だからです。

具体的には、国防総省の国防高等研究計画局（一般的にはＤＡＲＰＡと呼ばれています）の研究資金が、まだ市場までの道のりが遠い物理学や工学などの基礎的な研究の下支えをしています。

そして、その研究開発から良い結果が出れば、研究者とそれを支えるマネジメント・チームがスタートアップを設立し、事業化していきます。これをサポートしているのは、ＳＢＩＲ（Small Business Innovation Research）と呼ばれる研究開発助成のプログラムです。これはアメリカで１９８２年から始まった省庁によるスタートアップ向けの研究開発助成です。エンジェル投資家やベンチャー・キャピタルですら投資をためらうような不確実性が高い基盤的な研究開発を行うスタートアップを助成するものです。研究開発型のスタートアップは明確に１９８２年から増加しているのですが、それはＳＢＩＲの影響です。エネルギー省や農務省などさまざまな省庁が研究開発助成を行っていますが、このＳＢＩＲでは中でも国防総省が助成額、助成件数ともに圧倒的に大きな割合を占めているのです。

本章の最初に見た戦後の世界のイノベーションのうち、アメリカが発明国である9件のうち7件、電子レンジ、トランジスタ、集積回路、レーザー、GPSそして、ワールド・ワイド・ウェブは、国防総省からの研究費が初期の研究を支えていたのです。この他にもコンピューターやロボティックス、人工知能など、その後さまざまなビジネスを生んでいったインパクトの大きい基盤的な技術もことごとく国防の研究開発から生まれています。

研究開発費だけではありません。そもそもアメリカの国防予算は世界の中でも圧倒的に大きなものです。2022年の国防予算は、アメリカが8769億ドルで、およそ世界の40%となっています。2位は中国の2920億ドル、それにロシアの864億ドルが続きますが、アメリカの国防の額は圧倒的です。

この予算の多くは、もちろん、装備品の調達に使われています。大きな需要が見込めれば、装備品をつくっている企業も研究開発を活発化させますし、M&A(吸収合併)で有望なスタートアップの買収も行います。

イノベーションの創出には、試行錯誤の量を増やすことが欠かせません。イノベーションの創出は投資の関数とも言えます。アメリカから多くのイノベーションが生み出される理由の一つはここにあります。しかも、2022年からのロシアのウクライナ侵攻に対して、アメリカは多くの防衛装備品を軍事支援として送っています。自国の兵士を戦場に送ることなく、国防予算を上げているのです。

日本の国防予算も国際的に見ても決して小さくはありません。2023年度ではおよそ6兆8219億円を計上した。ただ、アメリカは1兆6580億ドル（約249兆円：1ドル150円）ですから、桁が違います。さらに6兆円の中でも、アメリカからの最新鋭の装備の調達は1兆円を超えています。これは、アメリカのスタートアップへ資金を提供しているのと同じです。

表面上の模倣はやらされ仕事

ベストプラクティスを取り入れることは企業にとっても、国にとっても大切です。ただし、日本がアメリカのイノベーション創出の優れた面だけを見て、そのシステムを模倣し、仮にそれができたとしても、イノベーションの破壊の側面も現れます。どのような社会に住みたいのか、どのような社会をつくりたいのかは人それぞれです。しかし、モノゴトの良い面だけを見て、そのトレードオフを考えない、あるいはむしろ見ないようにするのは無責任です。

日本は歴史的な経緯により国防関連の研究開発が極めて限られています。アメリカと肩を並べるほどの国防予算を持つことは政治・外交的にも経済的にも現実的ではありません。よって、アメリカと同じ程度に、研究開発型のスタートアップを支える国防予算は日本にはありませんし、それを推進しろというわけではありません。しかし、この点を全く考慮に入れず、アメリカのイノベーション・システムを模倣しようとしても、それは表面的なものになります。

イノベーションを研究していると、私の研究室に企業の方や行政の政策担当の方がよく訪れてくれます。私はどのような課題があるのかできるだけお話をお聞きします。その上で、学術的にはどこまでが明らかになっていて、どのあたりはまだ良く分からないのかをお伝えしています。

話が終盤に差し掛かると同じような質問を受けることがあります。「(弊社と、あるいは日本と)同じようなケースはありますか」と聞かれるのです。

自社の状況や政策課題と同じような状況で、成功しているケースがあれば、そこから学べるというわけです。しかし、この質問はやや心配なところがあります。それは、同じようなケース、つまり、前例がなければ意思決定できないのではないかという心配です。これはとても困ります。イノベーションですから、新しいモノゴトを生み出そうという試みです。それなのに、前例がなければ意思決定できないのでは困ります。

イノベーションを持続的に生み出せる組織づくりは簡単ではありません。しかし、イノベーションが全く出てこない組織をつくることはとても簡単です。「前例あるの」とか「実績あるの」と、ことあるごとに尋ねる上司を数名配置すれば、すぐにイノベーションの芽を摘むことはできます。

ケーススタディは、個別に異なる状況においてどのように意思決定をしていったのかの思考実験としては役に立ちます。しかし、「ここにこういう前例があるから、うちでもやりましょう」というのは、表面的な模倣と言わざるを得ません。

表面的な模倣は、企業の戦略立案者や政府の政策担当者の「やった」感だけは出ます。そして、ベストプラクティスを導入したのだから、成果が出なかったら自分の責任ではないとも言えるでしょう。しかし、これは、典型的なやらされ仕事です。

それぞれに固有の状況の中で、どのような社会をつくりたいのかを構想し、正解を発明していくことが大切です。

【第5章　まとめ】

イノベーションで世界をリードしているのはアメリカです。ビジネスの新陳代謝は早く、スタートアップが次々とイノベーションを生み出しています。だからこそ、アメリカのやり方の模倣がさまざまな国で行われてきました。

一方で、アメリカでは中程度のスキルの職業に就く人の割合やその人たちの賃金が減っています。いわゆる中間層が減り、スキルの二極化が進んでいます。随意契約の存在や労働組合の弱体化などにより、イノベーションによって破壊されるリスクは個人が負担するようになっています。

また、アメリカのナショナル・イノベーション・システムにおいて、国防予算が重要な役割を担っています。莫大な国防予算が物理学や工学の基礎研究を支え、研究開発型のスタートアップを促進しています。ベストプラクティスで導入できるものは取り入れるべきですが、アメリカ型のイノベーション・システムの創造の側面だけに焦点を当て、表面的な模倣をしても成果は上がらないどころか、問題だけをつくりだしてしまうでしょう。

第6章　自己責任化する社会

3匹の子豚が、それぞれ、わら、木の枝、煉瓦で家を建てると、オオカミが襲いに来ます。わらと木の枝の家はオオカミに簡単に吹き飛ばされてしまいますが、煉瓦の家は吹き飛ばされません。煉瓦の家に煙突から入ろうとしたオオカミは、子豚が煙突の下に用意した大きな鍋に落ちて、大やけどを負い逃げ帰ります。3匹の子豚の物語です。

エンディングにはさまざまなバージョンがあります。労力をかけずにお手軽にわらと木の枝で家をつくった2匹の子豚はオオカミに食べられてしまうというものもありますし、煉瓦で家を建てた子豚がその2匹を家に入れて助けてあげるというエンディングもあります。この結末はかなり異なります。前者のエンディングでは軽率な2匹の子豚は食べられてしまいます。後者では準備の良い子豚に救われます。いずれにしても、世の中にはいろいろな危険があるから、それにきちんと備えなさいというのがこの物語の教訓です。

これまで見てきたようなスキルの二極化や格差の拡大の背景には、イノベーションやそれを伴うグローバル化だけでなく、私たちの「責任」に対する考え方の変化があります。軽率で間違った判断をした人について、その失敗は自己責任だと考えるようになっています。

1　リスクの取り方、分散の仕方

イノベーションは、これまで責任と一緒に考えられてきたわけではありません。しかし、イノベーションの創造と破壊の側面を考える上で、責任の変化の理解は大切です。ここでは責任の変化を考える準備として、イノベーションの二つのリスクについてここでもう一度整理しましょう。イノベーションは二つの異なるリスクを伴います。

一つ目は、イノベーションを生み出す上でのリスクです。イノベーションは、経済的な価値を生み出す新しいモノゴトです。これを生み出すためには、ヒト・モノ・カネといった経営資源を投じる必要があります。しかし、新しいモノゴトですから、投資をしても、上手く行くかどうかは事前には分かりません。つまり、イノベーションを生み出そうとしても、失敗するリスクがあるのです。

二つ目は、イノベーションにより自分がこれまでに培ってきたスキルが代替されてしまうリスクです。時間やお金をかけて積み上げてきた人的資本の価値が、誰かが生み出したイノベーションにより陳腐化されてしまうかもしれないのです。

社会的に見れば、これら二つのリスクは同時に存在しています。しかし、多くの場合は、これら二つのリスクに直面する主体は異なります。まずは、リスクへの対応の基本をおさえたうえで、これら二つのリスクについてもう少し考えて行きましょう。

リスク・シェアの基本は分散投資

世の中にはいろいろなリスクがあります。リスクへの対応の基本は、シェアです。そして、リスク・シェアの重要なポイントは、分散です。一つ目のリスクも二つ目のリスクもこの基本は同じです。リスク分散とは、複数の異なるエリアに分散させることによって、全体的なリスクを低減することです。イノベーションの文脈でも重要になる、投資で少し考えてみましょう。

全財産をかけて宝くじを買うのは、大儲けするか、ほぼ無一文になるかのどちらかです。これは分散投資の逆です。分散投資のポイントは、簡単に言えば、投資する先に多様性を持たせることです。もう少し詳しく言えば、投資する先の期待収益率の相関を小さくなるように、投資先を分散化させることです。「いやいや。期待収益率が高いものに投資する方が良いはず」と思う人もいるかもしれません。しかし、最高の収益率をもたらすかのように見えたとしても、期待外れの結果になることも当然あります。

投資を分散させると、価格が下落する資産があっても、価格の上昇する資産もあります。分散化されたポートフォリオの収益率は、投資先の収益率の平均に等しくなります。ただし、そのポートフォリオの収益率の変動（ボラティリティ）は投資先の変動の平均よりも小さくなるのです。

変動が大きいということは、大きく儲かったり、大きく損をしたりするということで、一か八かという側面が強くなります。違う言い方をすれば、リスクが大きいということです。変動を小さくできるということは、リスクを下げられるということです。これがポイントです。分散的に投資することにより、高い期待収益率を持つ投資先のグループを、相対的に低いリスクのポートフォリオに変換できるのです。現実にある、数少ないフリー・ランチです。

変化する企業のリスク・シェア

それでは、イノベーションを生み出すためのリスクのシェアから見ていきましょう。イノベーションは企業の競争力を左右します。自社がイノベーションを生み出せれば、競争力が上がり、最終的には高い利益率に結実します。しかし、他企業が生み出したイノベーションによって、自社の競争力が破壊されてしまうこともあります。だからこそ、企業にとっては、イノベーションとの向き合い方がとても大切です。

企業が複数のビジネスを社内に持っておく多角化は、リスク・シェアにおいて重要な役割を担ってきました。社内に複数のビジネスがあることで、ビジネスのポートフォリオをつくることができ、分散投資が行えます。それぞれに期待収益が異なる複数のビジネスに投資をすることは、企業にとってはリスク・シェアになります。一部のビジネスが不調であっても他のビジネスが補完し、全体の収益は安定するのです。利益率は平均化されるものの、その変動を抑えることができます。これは経営戦略の基本の一つです。

分散したビジネスのポートフォリオを持ち、経営を安定させられるからこそ、リスク・テイクも可能になります。ポートフォリオが組めれば、この既存ビジネスは安定的に収益を上げるもの、これはまだ不確実性が高いものの上手くいけば将来のビジネスの柱になるかもしれない新しいビジネスなど、しっかりと分けて経営ができるのです。

ただ、企業内でのリスクの共有には明確な変化が見られています。アメリカやヨーロッパなどでは、1980年代に入るまでは多角化の程度の高い、いわゆるコングロマリット（複合企業体）型の企業が多くありました。しかし、1980年代に入ると、コングロマリット化とは逆の方向に進み、多くの企業が徐々に多角化の程度を低くし、ビジネスの選択と集中を図っていったのです。特にアメリカでは専業企業が多くなっています。

この背景には、株主価値の向上が企業の重要な経営課題になってきたことがあります。企業は不採算のビジネスから撤退し、競争力のあるビジネスに集中することで株主価値を向上するようになったのです。

これは、分散投資が企業内ではなく、投資家レベルでなされるようになってきたとも言えます。投資家にとっては、自分の投資ポートフォリオが分散的であれば、必ずしも企業が分散的なビジネス・ポートフォリオを持っている必要はありません。投資家は、むしろ、得意分野に集中し、高い利益を上げることを企業に求めるようになっています。企業は得意分野に集中する方が、上手く行った場合の利益率が高くなります。企業の経営者に分散的なビジネスへの投資を任せたとしても、経営者が投資家にとって最善の分散的なビジネス・ポートフォリオを組んでくれるかは分かりません。だからこそ、投資家たちは投資先の分散は自分たちで行い、企業には競争力のある領域に集中し、高い利益率を求めるようになっているのです。

これは、企業レベルで見ると、リスク・シェアの程度が低くなることを意味します。ということは、イノベーションを上手く起こして大成功する企業もあれば、ビジネスが陳腐化して生き残れなくなる企業も出てきます。ビジネスが陳腐化し、生産性が低くなった企業は、市場から撤退することになります。そのため、企業の新陳代謝が多くなります。社会的に見れば、企業はあくまでもビジネスを行う箱（仕組みと言っても良いかもしれません）です。そのビジネスの箱が陳腐化すれば、それをどうにか維持しようとするよりは、新しい箱で新しいビジネスをする方が早くてコストもかからず良いわけです。

このように、イノベーションのリスク・シェアは企業レベルから産業レベルでなされるようになってきました。投資家は、既存企業だけでなく、スタートアップまで幅広く分散的に投資するようになってきたのです。特にアメリカにおいては、これを可能にした一つのきっかけは、1979年の一般的に「エリサ法」と呼ばれている従業員退職所得保障法の改正でした。これは、年金のファンド・マネージャーの投資ガイドラインの変更です。これにより、年金基金からベンチャー・キャピタルへ資金が流れるようになりました。また、新興企業用の資本市場の整備やキャピタルゲインへの減税などもなされました。投資家にとってはスタートアップに投資しやすくなったのです。

この結果、スタートアップを起業して新しいビジネス機会を追求しようとする個人も増えました。起業家にとっては、株式と引き換えに資金を提供してくれる（エクイティ・ファイナンス）投資家の存在は、新しいチャレンジをする上では重要です。負債で資金を調達（デット・ファイナンスと言います）して新しいビジネスを立ち上げるのは、起業家にとってはリスクが大きいのです。デット・ファイナンスの場合には、利子や返済期限などが契約で決められるからです。また、破産した後も経営者個人が借入金を返済することを保障したり、担保などがとられたりします。返済が契約通りにできなければ、法的に債権の回収が行われます。これでは、起業家は新規性の高いビジネス機会を追求することをためらいます。チャレンジするビジネスの新規性が高ければ、上手くいかない可能性も高くなるからです。一方で、エクイティ・ファイナンスの場合には、株価や配当の水準などについて投資家に対して法的な義務を負うわけではありません。新規性の高いチャレンジをして、失敗したとしても、自分の資産がなくなってしまうこともありません。チャレンジしない方が損です。

制度整備は、スタートアップへのエクイティ・ファイナンスだけではありません。新規性の高いビジネスを構築しようとする起業家をサポートする仕組みが整えられてきました。

起業家たちを支える仕組みにはさまざまなものがあります。前章で見た、新興企業向けの研究開発助成であるSBIRは代表的なものです。エンジェルやベンチャー・キャピタルですら不確実性が高くて投資をためらうような基盤的な研究開発を行うスタートアップを促進します。これにより、アメリカで、研究開発型のスタートアップが増えたのです。新規性の高いプロジェクトはスタートアップが担い、その中で有望なものはM&Aにより既存企業のビジネスとして大きく展開させていくという社会的な分業ができつつあります。

イノベーションに破壊されるリスクのシェア

次に、イノベーションによって破壊されるリスクのシェアを見ていきましょう。企業の多角化は、イノベーションによってビジネスが陳腐化するリスクのシェアとしても機能します。社内にさまざまなビジネスを内部化することで、あるビジネスが競争力を失ったとしても、それまでにタネをまいておいたものを中心にして、自社のビジネスを転換していくことができます。これは、そこで働いている人たちにとっても、イノベーションによって破壊されるリスク・シェアになります。

そもそも、イノベーションにより破壊されるリスクは、個人が負いがちです。それは、個人が所得を得るために持つ資本は、基本的には人的資本であるからです。人的資本は、簡単に言えば、自分のカラダやアタマです。

自分のカラダやアタマは、当然一つであり、分離させることができません。そのため、自分の人的資本に分散投資することは基本的にはできません。外科医が手術しながら、小説を書くことはできません（兼業されている方はいますが、同じ時間で二つのことはやっていないはずです）。東京のスタートアップで働きながら、パリでパティシエとして働くことは簡単ではありません。兼業や副業は十分にあり得る選択肢ですが、自分のカラダは一つですし、時間も限られています。投資家が100件の投資先に資産を分散させるようにはいきません。職業選択やそれに伴う人的資本への投資は、集中投資にならざるを得ないのです。

企業が多角化していれば、あるビジネスやそこで働く人のスキルが破壊されたとしても、社内の他のビジネスに配置転換してもらうことができます。これは、社員にとっては、イノベーションにより自分のスキルが破壊されるリスクの共有になっています。

日本企業はアメリカ企業と比べると、多角化の程度が高いことが知られています。前述のように、アメリカ企業も1980年代に入るまでは、リスク・シェアのための多角化の程度は高かったのですが、それ以降、専業化が進んでいます。

自社のビジネスの競争力を失った企業は、市場から撤退します。これによって、困るのは、そこに投資をしていた投資家と働いていた従業員です。ただ、投資家は基本的には分散的に投資をし、リスク・シェアしている人が多いので、ある企業が競争力を失ったとしてもそれほど困りません。

その一方、従業員は困ります。自分の人的資本に対する分散投資は難しく、どうしても集中的な投資になりやすいからです。賃金が下がったり、仕事を失ったりすれば、人生設計は不安定になります。労働者の雇用の保護が弱く、かつ企業の専業化が進むアメリカではイノベーションによってスキルが破壊されるリスクは、個人が負担するようになってきているのです。

日本企業も多角化の程度を低くしてはいますが、その変化は比較的緩やかです。なぜ、日本企業は多角化の程度がいまだに比較的高いのでしょう。これは、自社のビジネスが、イノベーションに破壊されるリスクを下げる必要性が高いからです。日本は、第二次世界大戦後、雇用を大切にする社会をつくってきました。日本では、企業は判例上整理解雇がとてもしにくいのです。

これは同時に、日本企業にとっては、特定のビジネスに集中することのリスクが高いことを意味しています。もしもそのビジネスが陳腐化してしまったとしても、整理解雇を行い、そのビジネスをすぐに清算し、次へと転換することが難しいのです。だからこそ、複数のビジネスを社内に持っておくことが大切だったのです。これは、日本企業に勤める人たちにとって、重要なリスク・シェアとして機能していました。

リスク・シェアをするわけですから、当然、ローリスクとなり、結果としてローリターンとなります。だからこそ、専業企業で成功しているところと比べると、利益率はやや低くなり、賃金も上がりにくくなります。それは、日本企業のマネジメントが悪いとか、生産性が低いとかというよりも、イノベーションにより破壊された時の保険料を支払っているからだと考えられます。ただ、高い保険料を支払ったままでは、そのような保険料の支払いを課されていない国の企業とのグローバルな市場での競争では、足枷《あしかせ》をはめられて競争しているようなものです。

2　個人が引き受ける破壊リスク

リスクのシェアとは、誰がそのリスクを負担するのかという問題でもあります。だから、その負担をできるだけ広く共有できれば良いのですが、どこかに一極集中してしまうとイノベーションが生まれにくかったり、抵抗が強くなったりします。

イノベーションの創出に失敗するリスクを負担しているのは、企業家本人よりも、投資家です。特に、企業家が国からの研究開発助成やエクイティ・ファイナンスで資金を調達できている場合、もしもイノベーションを思ったように生み出せなかったとしても、企業家が失うものはそれほどありません。それでも、投資家が失敗のリスクを負担するのはイノベーションが生み出されれば大きなリターンが見込めるからであり、負担が可能な理由は、分散投資をできるからです。

イノベーションの創出に失敗するリスクの負担は広く分散的にシェアされるようになった一方で、イノベーションに破壊されるリスクのシェアは集中的になっています。そのリスクは、一部は企業が負担していますが、その負担は徐々に個人が負うようになっています。企業は競争力のあるビジネスに集中し、多角化の程度を徐々に低くしています。アメリカではそれは顕著であり、日本も徐々にその方向に向かおうとしています。

低下する企業の再分配とリスク・シェア機能

このことは、イノベーションによってスキルが破壊された人に対する再分配の重要性が増していることを意味します。再分配という言葉を耳にすると、多くの方が「政府の仕事」というイメージを持つはずです。再分配とは、ある人々が持っている所得や資源を、他の人々へと移すプロセスのことを指します。再分配の典型的な例として、政府が税金を徴収し、それをもとに社会保障給付などのかたちで経済的に困難な人々に戻すことがあります。これは、社会における政府の重要な役割の一つです。

しかしながら、再分配の役割を果たしているのは、政府だけではありません。意図的でないにせよ、企業も再分配の機能を果たしてきました。

企業には多様なタスクがあり、さまざまな人が働いています。研究開発に従事する人は、新製品や、より効率的な生産工程を開発しています。工場で働く人は、製品を生産します。この他にも、原材料を購買する人、製品を売る営業担当者、広告や宣伝を担当する人、そして後ろで支えるスタッフ部門の人々がいます。秘書や受付、セキュリティや清掃を担当する人だって忘れてはなりません。

仮に研究開発で革新的な新しい製品が開発できたとして、それをビジネスにして利益を得るためには、生産するための原材料を調達し、工場で生産し、流通網にのせて、販売する必要があります。そのため、利益は優れた成果を収めた研究開発の人だけでなく、工場で生産する人や営業の人など、その他の従業員たちにも分配されました。企業内で再分配が自然と行われてきたのです。

しかしながら、最近ではその分配に変化が見られます。多くの業務、例えば受付や清掃、セキュリティなどが外部の業者に委託されるようになりました。アウトソーシングです。一般的な事務職では、派遣社員が多くなりました。製造自体を外部の企業に委託するファブレス企業も増加しています。工場はオフショアリングで海外に移転しています。国内に工場があったとしても、そこで働いている人々は、正社員ではなく派遣社員というケースも少なくありません。同じ場所で働いていたとしても、彼ら彼女らは雇われている会社が違うのです。

このような変化は日本でもどんどん進んでいます。つまり、イノベーションの経済的な価値を共有できるのは狭い範囲の人々に留まるようになってきたのです。

以前であれば、家庭の事情などで大学に進学できなかった人でも、工場で真面目に働き、きちんと成果を上げれば、工場長や生産部長、あるいは取締役にまでも出世できました。しかし、工場で働く人たちの多くが派遣会社からの派遣社員だった場合には、違う会社に雇われているのですから、このようなことは起こりません。同じ職場ですら、経済的な格差が開くようになっているのです。

企業の経営者にとって、アウトソーシングはイノベーションにより破壊されるリスクを回避するための合理的な行動です。派遣会社から人材を雇っていれば、そのスキルが陳腐化した時には、整理しやすく、需要の変動に合わせた調整や不採算ビジネスからの撤退が行いやすくなるからです。これはすなわち、個人がそのリスクを負うようになってきていることを意味しています。

個人に任されるリスク負担とキャリア・チェンジ

社会にとって重要なのは、生産性の低いビジネスを延命することや、スキルが古くなってしまった人々を保護し続けることではなく、新しいタスクやビジネスに人々が挑戦する仕組みです。だからこそ、新しいスキルの獲得や既存のスキルのアップグレード、いわゆる「リスキリング」が必要です。

社会的にイノベーションへの投資が促進されると、技術変化が頻繁になります。それに対応するためには、大学を卒業した時の（つまり、20代前半までに身につけた）スキルだけでは、キャリア終了まで十分でないことは明らかです。スキルの更新やキャリア・チェンジへの投資が求められます。スキルのアップグレードの方法はさまざまで、専門学校や大学院を選ぶ人もいれば、サロンや私塾の利用、夜間学校への通学もあります。もちろん、独学で新しいスキルを身につけている人もいるでしょう。

リスキリングにはコストがかかります。これらの学びは、自分の人的資本に対する投資です。現在、このリスキリングのコストの多くはそれを行う個人が負担しています。一般的には、リスキリングに対する投資は私的収益率が高いと考えられているからです。この場合の私的収益率とは、学習から自分が得られる便益を学習のために自分が払った費用で割ったものです。例えば、大学院でスキルのアップデートを行った場合に得られる生涯獲得の追加的な上昇を、自分が払った学費で割ったものです。私的収益率が高ければ、自分でリスキリングを行うインセンティブが大きくなります。

さらに、企業は自社のビジネスに必要なリスキリングに対しては投資をしてくれますが、従業員の個人的なリスキリングに投資をするインセンティブはありません。

そもそも、企業は従業員が自社のビジネスに必要となる特殊スキルを身につけるためのトレーニングには積極的に投資をしますが、より汎用的なスキル（どこの組織でも必要となるスキル）への投資にはそれほど積極的ではありません。汎用的なスキルとは、会計士や弁護士といった資格や、コミュニケーションの能力や語学、あるいはＭＢＡ（経営学修士）で学べる経営のスキルなどが代表的なものです。汎用的なスキルに対して投資をすると、従業員の市場価値が上がり、他の組織に移られてしまうかもしれません。そのため、汎用的なスキルについては、入社前に自分で身につけておいてほしいというのが企業の本音です。

3　広がる自己責任と、狭まる「他者への責任」

ここからイノベーションと責任について考えていきましょう。まず、考えるべきは破壊されるリスクと責任です。

これまでに繰り返し見てきたように、スキルの破壊の原因は、イノベーションにあります。そのため、創造的破壊を生み出した人や企業にその責任をとってもらうのが筋だと考える人もいるかもしれません。

ここでの責任とは、端的に言えば、破壊の代償です。賃金が低下したり、失業したり、既存企業の競争力が低下することもあるでしょう。いずれにしても、損失が出るのです。スキルを破壊された側にとっては、創造的破壊が生み出されなければ発生しなかった被害を受けるのです。創造的破壊によって、迷惑を被っている人がいるのですから、その補塡は創造的破壊を生み出した人や組織がするべきだという考え方です。

事前に破壊のコストは分からない

ただ、この考え方はやめた方が良いでしょう。なぜなら、どのような影響が出るのかは事前にはなかなか予測できません。創造的破壊の新規性が大きければ大きいほど、どのような影響が出るのかを事前に予測できないのです。ジェームズ・ワットに、二酸化炭素の排出による地球環境の変化を予見しろというのは無理です。ヘンリー・フォードに、馬車の製造業者や馬の飼育者、調教師が失業するからそのコストを払えと言えません。もちろん、ある程度予測できることもありますが、ほとんどが実際に起こってみないと分からないのです。さらに、ジワジワと長い時間をかけて現れる影響もあります。つまり、将来的に現れる負の外部性を企業にコストとして内部化させることは難しいのです。

政府がしっかりと監視すべきだと考える方もいらっしゃるでしょう。ただ、新規性の高いものであればあるほど、社会のルールづくりが追いつかないという問題があります。例えば、自動車が発明された時にはもちろん、交通ルールなどありません。クローン技術が生み出された時も、どこまでこれを使ってよいのかのルールはありませんでした。配車サービスや民泊などの新しいサービスが生み出された時にも、それに対する社会側のルールはありませんでした。新規性の高いモノゴトが生み出されると、社会の制度整備が必ず遅れるのです。事前に何をどの程度破壊するかを把握することはできません。

さらに、重要なポイントは、創造的破壊はこれまでにない製品やサービス、あるいは、これまでよりも良いやり方だということです。それをのぞむ消費者がいるからこそ、経済的な価値が生まれてイノベーションになるのです。それを政府が止めることはなかなかできません。

機会の均等があれば後は自己責任

破壊の責任は、破壊される側にあるという考え方もあります。こちらの方がより一般的でしょう。イノベーションによって代替されて仕事を失ったり、賃金が低くなってしまったりした人は、障害や病気なら仕方がないけれど、自分の能力のアップデートを怠ったのだから、その責任は本人にあるというわけです。しかも、イノベーションが社会に浸透するには時間がかかりますから、一晩で自分のスキルが陳腐化してしまうことはありません。自分のスキルを見直す時間はあったはずです。

自己責任という考え方は、1980年代から少しずつ広がってきました。この背後には、平等主義的な考え方が存在しています。もう少し正確に言えば、以下に説明する運平等主義という考え方です。

人は、生まれながらの運によって持っているものが違います。例えば人種や性別、生まれる地域、親、障害など、さまざまなものが運に左右されます。われわれの意思ではどうしようもできないことです。だからこそ、このような運によって人生の機会が左右されないように補整する必要があります。機会が均等になるように、運の要素をなくしていくことが重要です。そして、機会の均等が提供されれば、その後の選択や成果は各人の自由意志によるものです。運による結果は補整されるべきですが、機会が均等になった後は、それは個人の選択の結果として受け入れるべきです。これが運平等主義の中心的な考え方です。

運平等主義の下で、イノベーションによってある人のスキルが代替され、失業する状況を考えましょう。もし、この人に十分な機会が提供されていた場合、多くの人は援助を必要としないと考えるでしょう。なぜなら、失業の原因がその人の選択に基づくものだと解釈されるためです。十分な機会が与えられた状況での失業は、自己責任とみなされるのです。

一方で、教育や職業選択の機会が限定されている状況、例えば家庭の環境や居住地域、障害や差別による制約などが原因で新しいスキルを身につけることが難しかったり、スキルのアップグレードができていなかった場合、援助は正当化されます。これは、そのような制約が個人の選択とは無関係であるためです。

均等な条件下での自由な選択の結果として生じた事象については、それは自己責任として受け止めるべきという考え方が一般的に広まっています。2001年初め、ナショナル・パブリック・ラジオ（NPR）、カイザー・ファミリー財団、そしてハーバード大学ケネディスクールが行った全米世論調査での質問の一つに次のようなものがありました[60]。それは、

「今日の貧困の大きな原因は何か。それは、人々が貧困から抜け出すための自助努力を十分にしていないことと、人々がコントロールできない状況によって貧困になっていることのどちらだろうか」です。皆さんならば、どう答えるでしょうか。この時の回答は、「自助努力が足りない」が48％であり、最も大きな割合を占めたのです。

失敗に不寛容な自己責任

機会が均等に分配されているにもかかわらず、所得に違いがあるとすれば、それは意欲や努力の結果です。この考え方は、所得がなかなか上がらない人にとっては厳しいものです。意欲が足りない、怠けものと言われているのと同じです。自尊心が傷つきます。抜け出せない困窮に絶望してしまう人や、どうせ、頑張っても無駄だと学習して、本当に怠けものになってしまう人が出てきます。

アメリカでは、移民やその子どもたちに良い職業をとられ、困窮する白人たちが小説や映画で繰り返し描かれてきました。『ミリオンダラー・ベイビー』、『ヒルビリー・エレジー』や『ジョーカー』、あるいは『パティ・ケイク＄』など枚挙に暇がありません。そこで登場するのは、ニューヨークやサンフランシスコなどの都市部には住めず、貧困層が暮らす地域に住み、目標を失った人物です。女性や他の人種よりも機会が与えられてきたと考えられる白人男性が、賃金が低下したり、仕事を失ったりして、困窮すると、白人男性であるというプライドだけが残ってしまうことがあります。家父長的な伝統が残るところでは、人々から期待される役割を果たせない自分の存在が際立ち、そのつらさは増すでしょう。それは、外国人への排斥運動や右傾化する政治を引き寄せてしまいます。

振り返れば、イギリスでも1980年代以降同じような動きがありました。産業革命以降、イギリスの政治家たちは階級問題に悩まされてきました。その階級とは、昔の貴族の上級階級や経済的に成長した工業ブルジョワジー、そして労働者たちです。これは、所得の格差だけではなく、生活する場所や教育、言葉遣い、食事、服装や趣味まで階級により分断されてきたのです。これは機会の均等という考え方からすると、解決すべき課題でした。

1980年代に入り大きな転機を迎えます。保守党のマーガレット・サッチャーは、機会の均等を達成するための政策をとりながら、国営企業の民営化や規制緩和などを通じて市場での競争を促進していったのです。労働組合による頻繁なストライキが経済の生産性を落とし、労働市場の柔軟性を阻害していると考え、労働組合の力を制限する法律も導入しました。サッチャリズムと呼ばれるものです。その結果、イギリスでは、不採算のビジネスからの企業の撤退が起こると同時に、新規参入や製造業からサービス業への転換が進みました。

2000年代に入ると、労働党で首相を務めたトニー・ブレアなどもイギリスには階級問題はないと発言するようになりました。その一方で、所得の格差は現前と存在しています。機会均等がなされたということは、所得の差は、自分の意欲や努力の結果だということになります。これは、所得が低い人たちにとっては、つらい状況です。所得が低いのは、あなたの意欲の問題であり、自己責任ですと言われているようなものです[61]。もしも、自分の過去の意思決定が間違っていたために、イノベーションによって仕事を奪われてしまったとしても、それは自己責任と片づけられてしまうとすれば、それは失敗に不寛容であると言わざるを得ません。

責任の矮小化

教育を受ける機会も、職業を選択する機会も、スキルをアップグレードする機会だってあったはずなのに、怠けていたからこそスキルが破壊され、賃金が下がったり、失業したりするのであれば自己責任だ、という考え方は今では一般的なものになっています。このような考えの広まりは、責任の概念の矮小化だとジョンズ・ホプキンズ大学のヤシャ・モンクは指摘しています[62]。重要な点ですので、少し見てみましょう。

１９８０年代に入るまでは、責任は他者を助ける個人の義務のことを意味していたとモンクは指摘しています。それが今日では、責任とは、自分で自律し、それを怠った時にはその結果を引き受けるという意味に変わってきているというのです。彼はこれを、「義務としての責任（他者への責任）」から、「結果責任としての責任（自己責任）」への変化と名づけています。

実際に1980年代に入るまでは、政治家が国民に対して責任ある行動を、と説く場合には、基本的にはその責任は、理由を問わず他者を援助し、社会に貢献する義務のことを意味していました。例えば、1961年のジョン・F・ケネディは大統領就任演説で「国があなたのために何ができるかを問うのではなく、あなたが国のために何ができるかを問え」と、アメリカ人に公共の利益、つまりみんなのために何ができるのかを考えることの大切さを説くスピーチをしています。

それが、1980年代以降は、責任と言った場合には、自律して生きる個人の義務（結果責任としての責任）が強調されるようになったのです。経済的な自由や個人の選択の自由の重要性を指摘したミルトン・フリードマンやフリードリヒ・ハイエクといった経済学者の著作（『選択の自由』や『隷属への道』など）は結果責任としての責任を説く政治家に大きな影響を与えました。ロナルド・レーガンは、1981年の就任演説で誰もが自律して生きる重要性を説くスピーチを行っています。

これに対してモンクは、「義務としての責任」が消えてしまい、責任というと過去の成功や失敗の原因がどこにあるのかの話に矮小化されてしまった、と指摘しています。

フランスのパリ第一大学およびパリ高等師範学校の経済学者のダニエル・コーエンは、今日の富裕層の夢は、質的には貧困層の夢と変わらないと指摘しています。20世紀までの富裕層は経済的に豊かになるだけでは満足できなかったし、経済的な豊かさだけでは、社会的に尊敬されることもありませんでした。そのため、公共の道路を建設したり、芸術家を支えたり、慈善活動を行ったりしていました。

これは、ノブレス・オブリージュと言われ、日本語では、「位高ければ徳高きを要す」に当たるものです。経済力や政治力、あるいは社会的な影響力が強い人は、自分自身の得になることだけでなく、社会に貢献する義務があるという考え方です。しかし、今日の富裕層の間ではこのような考え方は見られなくなり、富さえあれば満足するようになっているとコーエンは指摘しています。これも責任が自己責任のみに矮小化していることを反映していると考えられます。

そして自己責任ばかりを強調すると、社会の分断が大きくなる可能性があります。次章で見るように再分配はますます条件つきになり、その分配は小さくなっていきます。もちろん、苦境に陥ってしまった人たちに対する再分配を多くしようと頑張るNPOやボランティアの従事者、行政の人や政治家たちも出てきます。

一方、自己責任が強調される社会では、再分配を多くしようと活動すると、それは、困窮にあえぐ人たちの自律する力を低く見積もってしまう懸念もあります。特に再分配を受けられるか否かの境界では、「この人たちは、不幸な境遇にあったために、現在の苦境は彼ら彼女らがどうしようもできなかったことの結果である」と主張することになります。そうでなければ、再分配を受けられないからです。その主張はもちろん善意ですが、ある人たちをサポートするために、その人たちの自律性や主体性を極めて小さく見積もることにつながります。

自己責任を超えて

再分配のための政府の財源は有限です。だからこそ、政府は、自らをコントロールできる人々を増やすことを求め、結果的に自己責任が強調されるようになっています。

さて、私たちはどのような対応をすればよいでしょうか。モンクは、責任を肯定的なものとして捉えることが大切な一歩だと指摘しています。責任を肯定的にとらえるためには、社会を構成する他の人の暮らしに対しても責任がある、つまり、「義務としての責任」の存在を認識することが大切だというわけです。

外的なリスクには地震や台風などの天災、あるいはパンデミックのような疫病などがあります。そのような場合には、自己責任とは考えられず、助け合いが比較的広がりやすいと言えます。ただ、私たちが備えないといけないのは、このような外的なリスクだけではありません。

自らの選択が原因の失敗のリスクだって十分にあり得ます。長い時間をかけて積み上げてきた自分のスキルが、イノベーションにより役立たなくなるかもしれないのです。それは予見できる場合ばかりではないかもしれません。時間割引率が高い人もいます。分かっていても、どうしても対応できないことだってあるでしょう。だからこそ、自己責任を超えた、社会全体への責任感は、イノベーションが社会的に促進されていく状況では欠かせません。

私たちが、自らの選択の結果に責任を持つという原則のもとで生きるならば、選択の失敗の困窮は受け入れなければなりません。この社会では、イノベーションにより破壊されるリスクは個人に大きくのしかかります。そうなると、イノベーションへの抵抗も強くなります。もし思わぬ困難に直面したとしても、最低限の穏当な生活が保障される安心感は、私たちの将来設計には欠かせません。そのためには、自己責任の考えを超え、共に生きる人々の生活にも責任を持つことが大切です。それこそが、イノベーションとともに社会をつくる第一歩でしょう。次の章では、具体的にどのようなことが考えられるのかを見ていきましょう。

【第6章　まとめ】

ここでは、イノベーションの二つのリスクの整理から始めました。イノベーションを生み出そうとチャレンジして失敗するリスクと、イノベーションによりスキルが破壊されるリスクです。

前者のリスクについてはシェアの仕組みができてきました。リスク・シェアが広くなされるようになってきたからこそ、新規性の高いチャレンジもできるようになってきたのです。

後者のリスク・シェアはむしろ逆です。リスクが社会的に共有されるというよりは、個人に集中するようになっています。つまりイノベーションを生み出すチャレンジに伴う失敗には寛容になっているのですが、イノベーションによりスキルが破壊されてしまう結果には不寛容になっているのです。

自己責任という考え方の広まりがそれを後押ししています。スキルを破壊された人は、そこから立ち直るのは簡単ではなくなっています。わらや木の枝で家をつくった子豚を助ける仕組みが必要です。

第7章　創造と破壊のためのリスク・シェア

イノベーションを生み出すためのリスク・シェアの仕組みはさまざまなものが生み出され、リスクは広く共有されるようになってきました。

その一方で、創造的破壊によってスキルが破壊されるリスクの共有は進んでいません。むしろ、自己責任という名のもとに、個人にそのリスクを負わせるようになっています。しかし、これではイノベーションへの抵抗も強くなりますし、格差も広がってしまいます。ここでは自己責任を超えて、具体的にどのようなリスク・シェアのかたちがあるかを考えていきましょう。

1　政府の再分配

政府がイノベーションを促進する最も大きな理由は、それが経済成長の源泉だからです。経済成長の源泉は簡単に言えば、労働の投入量、資本投入量、そしてイノベーションの三つの要素です。日本では少子化のため、労働投入量が今後大きく増える見込みはなく、資本の投入量も減っています。だからこそ、イノベーションが経済成長の源泉としてますます大切になってきます。

「いやいや、いまさら経済成長を目指さなくても良いのでは」と感じる人もいるかもしれません。確かに、私たちは幸せに暮らすことが何より大切です。ただ、幸せに暮らすための原資として、ある程度の経済成長は必要です。

もしも経済成長がなければ、新しい課題を解決しなければならない時にとても困ります。なぜなら、これまでに分配されていた人やお金などの資源をどこかで削らなくてはならないからです。そうすると起きることが、パイの取り合いです。民主主義では再分配の問題は選挙を通じて政治的に解決されるのですが、それぞれの立場の人が必死に取り分を確保しようとするなかで、優先順位をつけなければなりません。これが大変です。経済が成長していれば、成長したパイで新しい課題に取り組むことができるので、このようなパイの取り合いは比較的起こりにくくなります。

さらに、イノベーションは生活を便利にしてくれます。今、私たちの生活にとって当たり前となっているものは、誰かがつくったイノベーションです。列車や自動車、飛行機はわれわれのモビリティを大きく変えました。冷蔵庫やミシン、電子レンジ、コンピューターやインターネットなど、もうそれらがない暮らしには戻れないほどです。

イノベーションは、これらの創造的な側面が存在しているからこそ目指すべきものとなるのです。ただ、本書で見てきた通り、破壊的な側面もあります。既存のモノゴトを陳腐化し、代替するからこそ、イノベーションは社会全体の生産性を向上させ、経済成長をもたらします。それは、自分のスキルが陳腐化させられる人も存在するということです。インパクトの大きいイノベーションが起こると、短期的には賃金が下がったり、失業が多くなったりします。これは、イノベーションの破壊的な側面による負の影響です。これを放っておくと、経済的な格差が広がってしまう可能性があります。また、陳腐化させられてしまう側の人や組織の強い抵抗により、イノベーションが社会に浸透しない場合もあります。反対に、スキルや強みが陳腐化し、生産性が下がった企業を保護しすぎると、社会全体の収益水準を下げてしまいます。そのため、速やかな退出も重要です。このように創造的破壊にはトレードオフがあるのです。

この負の影響への対処が求められるのは、政府です。つまり、政府はイノベーションを促進していく政策をとりつつも、この負の影響にも対処しないといけないのです。だからこそ、政府の舵取りは難しいのです。

条件づきになる再分配

自分のスキルが破壊され、所得が下がるとどういう影響が出るのでしょう。1980年代に人員を削減したペンシルバニア州の工場で働いていた人たちを調査した研究では、解雇されてから6年経った後でも、平均すると解雇前の水準を25%下回る所得しか得られませんでした[63]。これは職を失った労働者が、スキルアップをして、より高賃金の職を見つける難しさを表しています。

失業は収入だけでなく、主観的な幸福度も下げるという調査結果もあります[64]。失業率が上昇すると、失業した人だけでなく、失業していない人や家庭を守っている人の幸福感も低下していたのです。

イノベーションにより破壊されるリスクを個人に負わせていると、自分のスキルに投資ができる人とできない人の間で、格差が開きます。自分のリスキリングに投資できる人は良いですが、できない人は困ります。だからこそ、政府の再分配が大切です。再分配は、イノベーションによりスキルが破壊されるリスクの共有の最も基本的なものです。

しかし、１９８０年代以降、先進国ではこれまでのような再分配が提供されにくくなっています。この変化の背景には、先進国における経済の生産性の伸びの鈍化、平均寿命の延び、少子高齢化などによって、これまでのサービスを提供するための財源が小さくなってきていることがあります。

そのため、欧米など多くの国でセーフティーネットとして機能するように設計されてきた制度（例えば、医療や年金、失業手当、生活保護）の多くが全体を抑制する目的で、条件づきになったり、個人に負担が任される程度が多くなってきています。公的年金の受給開始年齢は徐々に引き上げられ、個人年金基金への依存度も上がっています。民間の医療保障も増えています。困窮家庭支援プログラムを受けるには、働く意思や職業訓練への参加が条件とな

ります し、失業保険の受給は求職活動が必要です。薬物の使用で逮捕されると食料品配給権の給付が止められたりします。再分配を受ける際の条件は、受給条件は個別のプログラムによって異なりますが、基本的には受給者が自己責任を果たす行動をすることの重要性が大きくなっています。これらの受給条件は徐々に厳しくなっており、無条件の再分配の範囲は小さくなっています。

税の累進性

再分配の方法で、注目を集めるものが二つあります。一つ目は、税の累進性です。再分配において一般的によく議論されるもので、格差が拡大しているのなら、所得や資産への課税の累進性の程度を上げようというものです。イノベーションによって資産価値が上昇した富裕層に対する課税を強化し、それを再分配するのです。考え方としてはシンプルです。

ヨーロッパやアメリカでは1940年代から80年代にかけて税の累進性が高く、その時にはまだトップ1%に入る富裕者層の持つ富が現在よりは抑えられていました。しかし80年代以降、税の累進性は小さくなっていきました。格差が拡大しはじめたのとちょうど同じタイミングです。この累進性の低下傾向は、所得税と相続税も基本的に同じです。

一方、これまで見てきたように、特にアメリカでは格差が広がりすぎて、絶望する人が増えています。だからこそ、再び税の累進性を高めることの重要性が指摘されるのです。

しかし、税の累進性を高めれば解消されるほど格差問題は単純ではありません。税の累進性は、基本的には歳入側の話です。税金を集めてくる歳入側でいくら累進性を高めたとしても、それが税金を使う歳出側で困窮している人たちに再分配されなければ意味がないのです。

ユニバーサル・ベーシック・インカムと負の所得税

再分配の方法で、注目を集める二つ目の点は、ユニバーサル・ベーシック・インカム（少し長いのでユニバーサル・インカムと言いましょう）と負の所得税です。これらは歳出側のポイントです。

ユニバーサル・インカムは、国民全員に一定の金額を無条件で支給する制度のことを指します。年齢や収入、職業に関係なく、国や自治体が国民に直接金銭を支給するのです。この制度の目的は、生活の基盤を保障し、経済的な自由を確保することです。これにより、低所得者の生活保護が向上することが期待されています。

一般的に再分配を条件つきにすると、有資格者かどうかを見極めるための手続きや審査に大きなコストがかかります。資産や所得はどれだけあるのか、仕事を探しているのか、子どもを学校に通わせているのか、健康診断を受けさせているのかなどをチェックしなければならないのです。この点でユニバーサル・インカムは特定の層をターゲットとしないので、手続きが簡便であるという魅力があります。

しかし、ユニバーサル・インカムを導入している国はほぼありません。国民全員に一定の意味がある金額を配るのは、財政的な負担が大きすぎるのです。また、現金給付を受けると、人の労働意欲が低下してしまうのではという懸念も、裏づけるデータは今のところありませんが存在していません[65]。

歳出側方法として、負の所得税も注目を集めています。ユニバーサル・インカムと比べるとこちらの方が現実的で、いくつかの国では既に導入が進んでいます。負の所得税は、所得が一定の基準を下回る低所得者に対して金銭を支給（または税控除）する制度です。具体的には、所得が低いほど多くの補助金が支給され、所得が増えるにつれて補助金の額は減少していきます。この目的は、所得の低い人々の生活を支援し、所得格差を縮小することにあります。負の所得税は、労働意欲の低下を防ぐための仕組みとしても注目されています。

アメリカでは、1975年に負の所得税として勤労所得税額控除（EITC：Earned Income Tax Credit）が導入されました。EITCを利用すれば、一定の上限の所得に達するまで税額控除が受けられます。一定の所得までは税金を支払わずに済むか、または支払う税金が還付されるため、所得を増やすことで実質的な収入が増えることになります。働いた方が得になり、労働参加を促すのです。

負の所得税がどれだけ格差を是正できるかは、その条件によります。アメリカの制度では現在のところ、働いていることや子どもがいる家庭であることが条件になっています。働いていない人や子どもがいない独身者は基本的に受けられません。一定の条件を満たす人が支援の対象ですので、格差の広がりをどの程度是正できるかは、その条件次第です。

ＥＩＴＣにより、それまで働いていなかった人が労働市場に参入するようになり、貧困レベル以上の収入を得るようになったり、貧困家庭にとっては最低賃金の引き上げより有益であることが観察されています[66]。ただし深刻な貧困層になると、シングルマザーへのＥＩＴＣの所得増加効果は、あまり効果がないことも確認されています[67]。

非金銭的な再分配

政府による再分配は、直接金銭を分配するものだけに限りません。例えば、医療は、日本では公的支出が前提になっています。日本の健康保険制度は、全員が加入する原則に基づいています。保険料は収入に応じて決定され、医療費の一部を自己負担します。その負担の割合は比較的低く抑えられています。近年では医療費の増大により自己負担の割合を増やしていますが、依然として政府による再分配が手厚いと言えます。

その一方で、アメリカでは健康保険制度は、基本的に民間の保険会社が運営しています。政府は高齢者や障害を持つ人、低所得者向けの公的保険を用意していますが、国民全員が何らかの保険に加入しているわけではありません。保険料や自己負担の額が高く、満足いく医療を受けられない人も少なくありません。

教育も同じです。政府による安価で質の高い教育の提供は、経済的な機会の平等を促進し、社会的な格差を縮小する手段として機能します。教育を受けるための自己負担が増えると、低所得の家庭の子どもは高等教育を受ける機会が少なくなります。

この他にも、図書館や公園の整備、法的援助と司法へのアクセスの提供など、非金銭的な再分配はさまざまなものがあります。これらの非金銭的なサービスの提供は、経済的な再分配と同様に、機会の均等を促進するために不可欠です。

2 リスク・シェアのさまざまな可能性

イノベーションによる破壊リスクを分散するという意味では、政府あるいは私たちが取り組めることは再分配の他にもあります。ここでは、人々の働き方に大きく影響を与える労働市場や教育、あるいは家計のあり方などさまざまな可能性を考えて行きましょう。

柔軟な労働市場とスキル形成

イノベーションによってスキルが破壊され、一時的に失業したとしても、すぐに次の就業機会を見つけられれば、所得の低下はある程度抑えられます。

この点で、外部の労働市場の機能は重要です。第5章でも見たように、労働市場がきちんと機能していれば、スキルが破壊されたとしても、リスキリングすれば、その価値に基づいて次の職を見つけやすくなります。新しいチャレンジをして、もしも失敗したとしても、自分の市場価値に応じて次の職場を見つけることが比較的容易です。

反対に、労働市場が上手く機能していないと、リスキリングしても次の就業機会を見つけるのは簡単ではありません。新しいチャレンジをするリスクも大きくなってしまうのです。もしも、失敗した場合、いくら自分の市場価値が高かったとしても、上手く次の職場を見つけることが難しいからです。

労働市場が柔軟な社会では、不況期には失業率は高まります。企業は遊休資産となった人材を整理するからです。反対に、好況期になれば、企業は積極的に雇用を増やすようになります。もしも、自社のビジネスの需要が小さくなったり、競争力が落ちたりした場合には、人材を速やかに整理できるからです。そのため、不況からの立ち直りのスピードも速くなります。

労働者の保護が強く、労働市場が柔軟でない場合、不況期の失業率は低位に抑えられます。企業が簡単に遊休資産となった人材の整理をできないからです。これにより社会的には安定しますが、企業の利益率は下がります。また、好況期に入っても、企業は新規性の高いビジネスでの雇用を控えがちになります。ビジネスが上手くいかなかったときに、遊休資産となった人材を抱えなければいけないからです。

次に教育面を考えてみましょう。労働市場が柔軟になると、人々の人的資本への投資が変化します。人々は自分の市場価値を高めるために、汎用性の高いスキルに対して投資を行います。プログラミングやコミュニケーションのスキルアップをしたり、経営戦略やファイナンス、あるいは会計の専門性を高めたりなど、どこの組織でも有用となるようなスキルを身につけるインセンティブが高くなります。この場合、スキルアップに投資をするのは、主に自分自身ということになります。

外部の労働市場ではなく、企業の中の社内労働市場が発達している場合には、長期的に同じ企業で働く傾向が強くなります。そのため、人々は企業特殊的なスキルに対する投資を厭わなくなります。企業特殊的なスキル（例えば、社内の人的なネットワークや社内の専門用語、固有の管理会計のシステムなど）はその社内にいる限りは大切です。そのようなスキルの習得には企業が投資をしてくれます。

ただ、企業特殊的な人的資本を形成していると、他の組織に移りにくくなります。それまで蓄積したスキルのほとんどが役に立たないからです。そのため、その企業のビジネスと一蓮托生となります。その企業の競争力が破壊されると所得が下がったり、失業してしまいます。自分の人生が、ある企業のビジネスに大きく依存してしまうのは、あまり望ましいことではないでしょう。

女性の社会進出

労働市場についていえば、女性の社会進出も欠かせません。女性の社会進出は、イノベーションの文脈ではビジネスにおける多様性の増加という点で注目されてきました。確かに、女性ならではの視点が入ることにより、男性だけで考えているよりも新規性の高いイノベーションが生み出される可能性もあります。しかし、これはやや期待が膨らみすぎているかもしれません。

イノベーションを生み出すためには確かに多様性は必要なのですが、人種や出身地、性別や年齢といった属性的な多様性は、あまり組織のパフォーマンスに貢献するものではないことが分かっています。いくら属性上で多様な人がいたとしても、その人たちのスキルや経験が似たようなものであれば、成果にはあまり役に立たないのです。もちろん、属性が違えば、多少なりともスキルや経験も異なっているでしょうから、全く役に立たないわけではありません。しかし、属性的な多様性より重要なのは、スキルや経験面での多様性です。異なるスキルや経験、専門性を持った人がいれば、それだけ違う観点がビジネスに加わるのです。

スキルの多様性も、単純に多様であれば良いというわけではありません。例えば、宇宙の衛星間の新しい通信システムの開発のプロジェクトを考えてみましょう。このタスクで必要なスキルは何でしょうか。電気工学や電子工学といった応用物理学の知識は必須です。通信チャネルの特性を理解しデータの伝送スピードをあげるためには情報理論や通信理論の専門家が必要でしょうし、ソフトウェアエンジニアや材料工学の高度なスキルも要ります。

ところで、このプロジェクトに、途上国で開発援助をした経験は必要でしょうか。おそらくあまり必要ないでしょう。その経験はチームの多様性を上げるかもしれませんが、プロジェクトの成果には影響しないでしょう。もし、これが途上国で新しい販売網を構築するプロジェクトならば、もちろん、現地での開発援助の経験は大きな力になるでしょう。そこでは、逆に、物理学での博士号や材料工学のスキルなどはそれほど必要ありません。

つまり、どのようなスキルや経験が必要かは、タスクによって異なります。当たり前のことですが、成果を上げるために必要なスキルがきちんと揃っていることこそが重要です。

少し話がそれましたから、もとに戻しましょう。アメリカのスタートアップを見ると、創業者たちは、比較的恵まれた家庭に育ち、学歴も高いことが分かっています[68]。創業者たちは、6年以上のビジネス経験があった人たちが大半です。ビル・ゲイツやスティーブ・ジョブズ、あるいはマーク・ザッカーバーグのように大学を中退して、ビジネスを始める人もいます。彼らは大きな注目を集めるのですが、平均的には大学中退者のスタートアップの成績は良くはありませんし、多くのスタートアップはビジネスの経験を持った人たちによるものです[69]。

そして、およそ70％の創業者が最初のビジネスを始めたときには既に結婚していました。

共働きの配偶者がキャリア志向であると、スタートアップへの入社をリスクだと考える傾向が小さくなることが見られています[70]。共働きの家庭が、スタートアップへの人材の重要な供給源になっているのです。

パートナーがフルタイムで安定した収入を持っている場合、新しいビジネスへの投資や挑戦がしやすくなります。もちろん、投資家からの資金調達や政府の支援も大切ですが、家計での経済的なバックアップは不可欠です。家庭の中でリスクのシェアができるのです。

これは、イノベーション創出に失敗するリスクのシェアだけではありません。イノベーションによってスキルが破壊されてしまうリスクもシェアできるのです。パートナーが安定した収入を得ていると、新しいスキルを身につけたり、スキルをアップグレードするための挑戦がしやすくなります。

日本の場合、これまでは、夫が外で働き、妻が家事や子育てをするという専業主婦モデルが多く見られました。これだと、家計は一人の収入によって支えられることになり、働き手がキャリア・チェンジや新しいスキルの習得に投資するのは難しくなります。自分のスキルを破壊するようなイノベーションの導入には、もちろん反対する傾向が強くなります。実際にスキルが破壊された後でも、なんとか家計を支えなければならないので、低賃金の仕事に甘んじなくてはならなくなります。

日本の女性労働参加率は２０１３年頃から上昇し、まだ世界トップの国には及ばないものの、イギリスやドイツなどと同じ程度にまでなっています。ただし、日本は、世帯を課税対象とみなす世帯課税方式のため、夫の扶養の範囲内でパートタイムで働く女性が多いという特徴があります。

女性の社会進出は進んでいますが、この点ではまだまだ日本には余力があります。これはなにも女性が働いて、男性をサポートしろと言っているのではありません。家計が複数の収入源で支えられるようになれば、キャリア上でのリスクが分散され、お互いに新しいチャレンジを支えあえるのです。

子育てについての価値観

女性の社会進出を促進する上で欠かせないのは、子どもは母親が中心になって育てるものという価値観を変えることです。

ところが現実はそうではなく、第一子が生まれてからの親の所得の変化を見ると、母親の所得は子どもが生まれた後から下がります。けれど父親にはそのような影響は見られないのです。これは日本よりも女性の社会進出が進んでいると考えられている、デンマーク、スウェーデン、アメリカ、イギリス、ドイツ、オーストリアなどの国ですらそうです[71]。

この理由は、子どもが生まれると、その後、母親の労働参加が減るからです。母親のキャリアが分断される一方で、父親にはそのような傾向は見られないのです。この背後には、育児は母親が中心的に行うものであるという価値観があるのは明らかです。

この価値観が存在しているうちは、長期間の産休や育児休暇も女性の労働参加を阻んでしまいます。産休や育休は子育てを支援する上では重要です。しかし、育児休暇をとる割合やその期間に母親と父親の間に差があれば、男女の労働参加という点で格差をむしろ拡大させます。母親が長期間、職場を離れるため、復帰した後の昇進などが難しくなるためです。そこでスウェーデンやノルウェーなどでは、父親にも産休・育休の取得をさせる試みがなされています。

日本の女性の就業率は、６歳未満の子どもがいる場合には、他国と比べても低い割合となっています。子育ては母親が中心にするものという価値観が変化するまでは、長期の産休の権利を保障するよりも、保育などを拡充し、子どもを育てながら、労働参加が可能になるような施策の方が、女性のキャリアの支援にもなり、所得面の格差を縮めやすいでしょう。

最後に一つ注意したい点があります。女性の社会進出は、多様性を上げ、組織のパフォーマンスを上げるから（先述の通り属性的な多様性はそれほど成果には結び付かないのですが）とか、イノベーションのリスクのシェアに必要だからといった理由のみで重要なわけでは決してありません。社会を構成する全ての人たちに、機会が均等に与えられていることが大切です。

支えあう単位を広げる

かつては、祖父母、叔父、叔母、従兄弟などの親戚も一緒に住んでいる大家族が珍しくありませんでした。近所とも密接な関係がありました。しかし現代に入り、多くの国で核家族化（両親と子どもだけの世帯）が進んでいます。個人の価値観や生活スタイルが多様化しているので、親族といえどもみんなで一緒に暮らすのは難しくなっています。

核家族や独身の世帯の増加は、家計におけるリスク・シェアの単位が小さくなっていることを意味しています。これだとどうしても分散投資がしにくくなります。

結婚制度は家計におけるリスク・シェアにもなっています。よって、リスク・シェアのためにこれを拡大する可能性も考えられます。同性婚はもちろんですし、相続や財産分与請求を可能にするようにパートナーシップ制度を拡充していくことは十分ありえるでしょう。パートナーは2人以上でも良いかもしれませんし、価値観や生活スタイルの理解がしあえれば、愛情で結ばれている必要すらないかもしれません。ややラディカルなアイディアかもしれませんが、家計というリスク・シェア（支えあいと言っても良いでしょう）の単位が結婚制度に限定される理由はないかもしれません。

大型のリスキリングを安価に

先述の通り、イノベーションが促進されるほど、リスキリングの重要性は高まります。しかし、リスキリングのコストが高ければ、自らに投資できる人は金銭的に余裕がある人に限られてしまいます。

さらに、自分にどれだけ大きな投資をできるかは、年齢にも依存します。考えてみて下さい。若いビジネスパーソンとシニアのビジネスパーソンでは、どちらの方が自分のスキルのアップデートに投資をするでしょうか。大学院に行って最新のスキルを身につけたり、新しいプログラミングを習得したり、新しい技術の勉強をしたりするのは若い人です。

その理由は簡単です。若い人の方が自分に対する投資の回収期間が長いからです。だからこそ、若い人は自分のスキルをアップデートすべく、大型の投資をするのです。シニアになればなるほど、自分へ投資をしたとしても回収期間が短いのです。そのため、大型の投資をするインセンティブは小さくなります。これは、特に少子高齢化社会では極めて重要な課題です。

そして、労働者人口の平均年齢が徐々に上がる中、いまだに年功序列的な人材マネジメントをしている企業では困ったことが起こります。従業員の平均年齢が上がるとともに、意思決定をする人の年齢も上がります。その結果、スキルはアップデートされておらず、意思決定が経験のみに頼りがちになるのです。これは、イノベーションを生み出すのには困ります。

ビジネスをめぐる状況が過去と同じようなものであれば、豊富な経験は大いに意思決定の役に立ちます。しかし、そのような人は、新規性の高いプロジェクトにはそぐわないのです。

むしろ、このような人とは反対の人が必要です。経験はあまりないけれど（つまり、その領域には新規に参入する人）、スキルはピカピカにアップデートされている人です。最先端のスキルを活用しないと、新しいモノゴトは生み出せません。知識の境界線を広げるようなものにこそ、新しさがあるからです。

スキルのアップデートをしていない人は、イノベーションの抵抗勢力にすらなります。イノベーションによって今までの自分のスキル（あるいは経験）が代替されるかもしれないと思えば、抵抗するしかないからです。

一方で、少子化かつ長寿社会だからこそ、リスキリングのコスト、特にシニアのコストを低くすることが大切です。回収期間の短いシニアにとって大型のリスキリングであったとしても、それに必要な投資が小さければ、挑む人は多くなります。それによって、シニアのスキルがアップグレードします。良質で安価なリスキリングの機会を用意することは、社会的にも、とても大切なことです。

ミドルからシニアのリスキリング

最近では動画共有プラットフォームが充実し、スキルアップやスキルチェンジに関連する動画を無料でたくさん見られます。いきなり高額の大学院やプログラミング・スクールに通わなくとも、動画を見ることでトライアルし、はじめの一歩を踏み出すことができるようになりました。リスキリングのコストは、かなり下がったと言えるでしょう。一方、キャリアの見直しが必要だと思いながらも、次の一歩が踏み出せない人も多いことでしょう。その裏には、これまでスキルを磨くためにかけてきた時間や犠牲がもったいない、という思いがあるはずです。気持ちは分かるのですが、残念ながら合理的な判断ではありません。

経済学では、既に支出されていて何をしても回収が不可能なものを埋没費用（サンクコスト）と言います。つまり、自分がこれまで構築してきたスキルにしがみついたとしても、これまでの時間や労力、お金は戻ってきません。既に埋没してしまった費用なのです。だからこそ、これから先の意思決定は、サンクコストは無視して、将来の費用と利益に基づいて行われるべきです。

これまでのキャリアから切り替える覚悟がついたとして、それではどこに次なる一歩を踏み出せばよいか悩む人もいるでしょう。これまでとは全く異なる領域に踏み出すのもよいでしょう。自分が好きなことをするのもよいかもしれません。

ここでイノベーションの観点から助言するならば、ぜひとも自分のスキルを陳腐化するためのリスキリングに踏み出してください。これがお勧めです。

なぜ、わざわざ陳腐化させる側に回るのでしょう。「自分の首を絞めるようなものでは？」と疑問に思うかもしれません。第5章でイノベーションと補完的な仕事に就く重要性を指摘しましたが、まさに自分のスキルを陳腐化させる側に回ることこそが、イノベーションと補完的な仕事をすることになるのです。一つ例を出して説明しましょう。

新たにイノベーションが登場したとしても、多くの場合は、既存のスキルをいきなり完璧に代替できるわけではありません。イノベーションが生み出された当初は、アイディアは良いけど、使い物にならない状態です。累積的なイノベーションが積み重なって、初めて使い物になるのです。この累積的なイノベーションのプロセスでは、既存のスキルがどのように機能しているのか、深く理解していることが必要です。

昔の自動車製造は、多くの熟練工が手作業で組み立てていました。熟練工は、溶接、塗装、組み立てなど高度なスキルを持っており、それにより高品質な生産ができていました。ここでロボットを導入し、製造プロセスを自動化すると、生産性を大幅に向上するイノベーションとなります。ただし、自動化技術を機能させるためには、既存の製造プロセスや工員のスキルを深く理解している必要があります。

熟練工が行っていた溶接の技術をよく理解せず、単純にロボットで代替しようとしても、上手く機能しません。品質の低下や予期せぬトラブルが発生するのです。なぜなら、熟練工は材料の微妙な違いなど些細《ささい》な変化に気づき、即座に対応しながら溶接を行っていたからです。既存のスキルや知識を理解し、それを基にした累積的な改良がなければ上手く機能しないのです。

既存のスキルを積み上げてきたミドルやシニアはここに、自動化技術が円滑に進むための改良に大きな貢献の可能性があります。一見すると、自分のスキルの陳腐化を早めるようにも思えます。確かに、スキルで見ればその通りです。しかし、それは、自分がこれまで行ってきたプロセスの生産性向上に貢献するわけです。

スキルは、いつかは陳腐化します。そして既存のスキルに固執すると、イノベーションへの抵抗勢力になってしまいます。もし、そうなりたくないと思うならば、自分の仕事の高度化を本気で考えたリスキリングを行うことが、ミドルからシニアにとっては大切です。

イノベーションと競争する教育

教育は、賃金の引き上げを考える上でとても大切なものです。さらにイノベーションによる短期的な格差の拡大を小さくし、イノベーションの恩恵を早くに広く社会に浸透させる点でも、教育が大切です。もう少し具体的に言えば、イノベーションへの投資と、教育投資が競争状態にあることが重要なのです。少し見ていきましょう。

賃金は、その人のスキルに対する需要と供給によって決まります。例えば、高いスキルへの需要が多く、それに対する供給が少ない場合には、高スキルの人の賃金は上がります。低スキルへの需要が減る状況で供給が豊富にある場合には、低スキル人材の賃金は下がります。

ノーベル賞を受賞した経済史が専門のクラウディア・ゴールディンらは、アメリカでイノベーションが生み出されながら、必ずしも1970年代までは格差が大きく広がらなかったのは、そもそも高度なスキルに対する需要がそれほど大きくはなく、かつ、高スキル労働者の供給がその需要に見合うだけなされてきたからだと指摘しています[72]。そのため、高スキルと低スキルの人の格差はそれほど広がらなかったのです。

しかし、1980年代以降、イノベーションに対する投資が増え続け、高度なスキルへの需要が高まりました。しかし、その需要の高まりに供給が追いつかなかったために、高スキルの人の所得は増え、低スキルの人との格差が広がりました。

だからこそ、賃金格差を小さくするためには、イノベーションを止めるのではなく、イノベーションが高いスキルの人材への需要をつくり出す前に、教育投資を行いスキルの底上げをしておくことが大切なのです。これが、イノベーションと教育の競争です。

イノベーションが次々と生み出されている状況で、もしも、教育投資の水準を落としてしまうと、高スキルの人材の供給が需要に対して小さくなります。そうすると、高スキルの人材の所得が上がり、格差が広がります。この点で、スキルアップやスキルチェンジの促進は、その当事者だけでなく、社会的にも大切なのです。

少子化が進む現在、国内の大学の多くは、留学生の積極的な取り込みとともに、社会人教育の拡充を進めています。法科大学院やビジネススクール、会計大学院、臨床心理士大学院などさまざまな社会人向けの大学院があります。これまでよりもさらに細かく領域を絞ったコースの拡充も考えられます。実際に海外の大学では、NGOやNPOのリーダーの養成、人的資源管理の専門家向け、ジャーナリストの養成、フィンテックに特化したコースなど、焦点を絞った特徴的なコースが用意されています。さらには高校（小中学校でも）の活用も考えられます。例えば、夜間に英語やプログラミング、商業高校では簿記、工業高校ではCADでの設計などを学べるようなコースを設置できるでしょう。

企業も従業員のリスキリングに投資を始めています。ただ、前述のように企業によるリスキリングは、どうしてもその企業で使えるスキルのための投資に限定されがちです。そのために、質が高く、汎用性のあるリスキリング、スキルのアップデートに安価に多くの人がアクセスできるように支えることは国の重要な役割です。教育への公的支出は、イノベーションの創出と格差の縮小を同時に達成するカギと言えます。

低まる労働分配率と高めうる従業員参加

ここまで説明してきたように、イノベーションによる経済成長の恩恵は長期的には社会全体に広がります。短期的に得をするのは、そこに資金を投じた投資家です。

企業家が得をするのではないかと疑問に感じる方もいらっしゃるかもしれません。しかし、企業家の所得が大きくなるのは、賃金収入からではありません。初期の段階で自ら投じた資本が創業者利益の源泉です。イノベーションを生み出した企業の所有権、つまり株式を持っていることが大切なのです。アメリカの富裕層の最大の資産も株式です。

言い換えると、所得の格差が広がるのは、イノベーションを生み出した企業を所有している人たちと、イノベーションによりスキルが破壊された人たちの間です。

デビッド・オウターらは、ＯＥＣＤ加盟18か国の40年間のデータを用いて、労働分配率が低下していることを観察しています[73]。特に、生産工程の自動化が進展することにより、労働分配率が低下していることが見られたのです。

労働分配率とは付加価値における人件費の割合です。つまり、労働者の取り分が減っているのです。労働分配率の低下は、１９８０年代から始まり、特に２０００年代に低下しています。それでは誰がイノベーションの分け前をとっているのかと言えば、企業の所有権を持っている人です。端的に言えば、株主です。

この配分を問題視し、早稲田大学の会計学者のスズキトモは、興味深くかつ実践的な提言をしています。その提言とは、利益と費用を中心としたこれまでの決算書ではなく、会社がつくり出した付加価値をどう配分するかを示す付加価値配分計算書（ＤＳ計算書：(Distribution Statement）の導入です[74]。企業が付加価値をどこに配分しているのかを開示させることによって、どの企業が、労働分配率を下げ、株主への配分を高めているのかを知るというのが基本的なアイディアです。これにより、株主への配分の高まりを抑え、従業員への配分が増えるのではないかという試みです。

確かに、従業員の取り分をどのように増やしていくのかは重要なポイントです。ただ、従業員が受け取りうる配分は、賃金収入だけではありません。従業員でも企業を所有する、企業の株式を買うことはできるのです。

従業員による企業の所有は、新しい話ではありません。従業員に自社株を提供することは、専門経営者（つまり、雇われ経営者）の利害を株主の利害に合わせる目的から行われてきました。自社株を経営者に持たせることは、経営者が短期的な自分の利害だけでなく、会社のために経営をするインセンティブを強める効果があります。

経営層だけでなく、一般の従業員の持ち株比率を高めることも広く行われています。例えば、企業が従業員持株会を設立し、従業員持株会は、その会員の給与や賞与から拠出金を得て、自社株式を共同購入します。そして、会員に拠出額に応じて配当金などを配分する仕組みです。企業にとってはこの設立はそれほど難しいことではありません。

従業員持株会は上場企業だけでなく、非上場企業にも増えています。非上場企業の場合、オーナー経営者が引退した際に、従業員がオーナーになれるように事業継承という文脈でも利用されています。従業員所有の程度は、わずかな割合の所有権の提供から100％まであります。

従業員の関与を高めていくように税制上の優遇を強めることも考えられます。もちろん、単に自社の株式を渡せば良いわけではありません。従業員の関与を高めるためには、オープンブック・マネジメント（財務や経営情報を全従業員に公開する経営手法）を行っていくなど従業員が広く経営に参加できるような環境の整備が不可欠です。

さらに、キャピタルゲインに対する優遇税制などは、一般の人々に株式投資を推進し、企業の所有権をより広範に広める効果があります。これは持株会による自社株式の購入よりも、分散投資に近づきます。ただ、株式投資は債権と比べるとリスクが高くなりますし、なにより経済的に困窮している人はそもそも分散的な投資をすること自体、難しくなります。経営に対する従業員の関与を高めるためには、第5章で見たドイツの共同決定制度も参考になります。リスクをシェアするためには、一つの施策だけではなくシステムとして考えて、複数のものを組み合わせていくことが必要です。

3　イノベーションを方向づける

これまで創造と破壊のためのリスク・シェアを考えてきました。最後にイノベーションの方向づけについても考えてみましょう。

イノベーションが起こる領域はランダムではありません。さまざまな経験的な規則性が発見されています。その中の一つは生産要素の相対価格の変動です。これを利用することで、政府はイノベーションを方向づけることができます。再分配や柔軟な労働市場と安価で質の高い教育とともに、政府が行いうる大きな可能性があるものです。

インセンティブを変える

第3章で見たように、イノベーションは生産要素の相対価格が高い経営資源を削減するところで起こる傾向があります。省エネ技術で多くのイノベーションが日本から生み出されたのは、日本人が節約好きだったからではありません。エネルギー価格が高いので、できるだけエネルギーを使わないような技術を開発すれば儲かるからです。

つまり、人手を多く使ってビジネスをする方が利益になるのであれば、企業は労働力を節約する機械を導入するのではなく、労働集約的なビジネスを行います。反対に、自動化の機械や人工知能などを導入して、労働者を少なくする方が儲かるのであれば、企業は労働者をイノベーションによって置き換える方向に動いていくのです。

ここ30年、賃金の上昇は日本政府にとって重要な政策課題でした。賃金が上がるのは労働者にとってはありがたいことです。しかし、先のイノベーションの効果を踏まえると、中長期的には、イノベーションは労働者のスキルを代替する方向へと進みます。労働者の賃金が高くなればなるほど、自動化を進め必要な労働力を削減すれば企業は儲かるからです。

だとすれば、労働力を節約するようなイノベーションよりも、労働力を生み出すようなイノベーションの方が儲かるように方向づけることは、政府ならできるかもしれません。実際に、ダーレン・アセモグルなどは過度の自動化を減らすために、税制で自動化の技術を開発するインセンティブを下げ、他の技術（例えば脱炭素化技術）などを開発するインセンティブを上げることを提唱しています[75]。

しかし、雇用を創出するイノベーションへの方向づけが望ましいのかは二つの理由からやや疑問です。

一つ目は、そもそもこれを具現化する難しさについてです。この方向づけを実際に行うとすれば、労働力を節約するイノベーションと、雇用を生み出すイノベーションを区別する必要があります。しかし、これを分けることは実際には簡単ではありません。

例えば、自動編み機が短期的には織物職人の仕事を奪ったとしても、その部品を含めた機械工やメインテナンスのための人員、新しい工場管理のマネージャーなど新しい仕事を生みだします。破壊の程度が強いイノベーションであればあるほど、既存のモノゴトを代替する側面と新しい仕事をつくりだす側面の両面が強く出るのです。

そこで、労働節約と雇用創出の二つのイノベーションを区別せずに方向づけをすることも考えられます。実際に、雇用促進税制などで正規雇用を増やした企業には、税額の控除がなされています。この控除額を拡大することはできるでしょう。

しかし、従業員を増やすことが、より生産性の高い労働を生むイノベーションにつながるわけではありません。単に、労働集約的な仕事を行う企業を増やしてしまうだけかもしれません。雇用は増えるかもしれませんが、生産性が上がりにくい領域に人が多く配置されることになりかねません。

二つ目の理由は、もう少し積極的なものです。現在の日本ではむしろ、労働力を節約するイノベーションが重要になってくるというものです。この点は次の節で見ていくので、ここでは少しおいておきましょう。

イノベーションの方向づけは、労働節約的なものへだけではなく、さまざまなものがあり得ます。例えば、CO2の排出に価格をつけるカーボン・プライシングは、脱炭素化のイノベーションの方向づけです。それを実際の制度に落とし込んだものが、炭素税や排出量取引です。税率を高くすることや、その対象範囲を広げることで、より脱炭素化のイノベーションを生みだすインセンティブを強化することができるのです。

ちなみに、政府が政策的にこのような方向づけを行う場合には、新規参入企業を締め出さないように注意する必要があります。政策の立案時には、政策担当者は当然、企業の育成や競争力の向上を考え、企業の状況を調査、ヒアリングします。その対象はもちろん、既存企業です。新規参入企業は、まだ存在していないのですから、当然です。その結果、既存企業の意向が反映されやすくなります。もう一つの注意点は、もしも、政府が行おうとしている方向づけが、それまで企業が蓄積してきた能力を破壊するようなものであったり、追加的な投資が必要で利益率を低下させるようなものであれば、既存企業たちは抵抗するということです。

実際、1970年にアメリカで行われた大気浄化法の改正（いわゆるマスキー法）に対しては、GM、フォード、クライスラーのビッグ・スリーは猛反対しました。マスキー法は、政府が定める窒素酸化物（NOx）などの排気ガスの基準を満たさないクルマは、1976年以降販売を認めないという厳しい内容でした。ビッグ・スリーは技術的に難しいと、こぞって反対したのです。

一方で、ここにチャンスを見出したのが本田技研工業です。当時、同社はアメリカ市場に本格的に進出できていませんでした。しかし、同社はCVCCというエンジンを開発し、世界で最初に基準をクリアーできることを発表したのです。このニュースを聞いたアメリカ政府からエンジンの提出要請があり、本田技研工業はCVCCを搭載したクルマを送り、見事に基準をパスしたのです。同社はこれを契機にアメリカ市場で大きく成長したのです。技術的に排気ガス基準は満たしうるということが明らかになったため、ビッグ・スリーもそれに続かざるを得なくなりました。

これは新規参入企業の重要性を示しています。もしも、ビッグ・スリーの利害だけを反映していたとすれば、このような排気ガス規制は導入されなかったでしょうし、このようなイノベーションは生み出されなかったでしょう。

第2章でも見たように、破壊の程度が高いイノベーションは、新規参入企業から生み出される傾向があります。一方で、既存企業はロビー活動なども通じて、自社が構築してきた競争力が失われないように政府に働きかけるでしょう。しかし、新規参入企業を締め出さない、もう少し積極的に言えば、新規参入を促す政策が重要です。

少子化による労働力の減少はチャンス

イノベーションの方向づけについて、日本では労働節約のイノベーションはチャンスであることについて話を戻しましょう。

日本は少子化が進み、労働力人口が減ってきています。2040年には、20歳から64歳の人口が5500万人へと現在の日本の人口のおよそ半分にまで減少すると予想されています[76]。もちろん、そもそもの少子化対策は重要です。ただ、少子化のトレンドは多くの先進国で進んでおり、現実的にはこのトレンドを抜本的に変える対策は容易ではありません。さらに、円が強い為替状況であれば、海外の人が日本に来て働くことは魅力的でしょう。しかし、円が弱くなると海外からの労働者にとっては、日本で働く魅力は小さくなります。

しかし、これは本書で考えてきたような、創造的破壊、特にヒトのスキルを破壊するイノベーションにとっては大きなチャンスです。

少子化によって働く人が減っていくので、人手が足りない領域が増えていきます。人を雇うためには賃金を高くしないと、誰も来てくれません。一方で、人件費が高くなっていくのですから、企業にとっては労働力を節約するような省力化のイノベーションを生み出せるかどうかは重要な課題です。

もしも、人手が足りなくなるのだから、早い段階から労働力を囲い込もうと考えている企業があるとすれば、それはイノベーションのパターンとは逆行する動きです。第3章で見た、産業革命期のイギリスとインドの人件費の話を思い出してください。安い賃金で働いてくれる人を集めようというのは、19世紀初頭のインドと同じです。これではイノベーションにつながらず、中長期的には省力化のイノベーションによって淘汰されるでしょう。

そうではなく、労働力を節約するイノベーションを生み出せば、儲かる状況が既にできています。そして、この傾向は日本で今後もさらに強まるでしょう。

破壊的な程度の高いイノベーションが生み出されると、当然、破壊されるスキルが出てきます。これは本書の大きなポイントの一つです。アメリカではそのショックが強く出ています。しかし、少子化が他の国よりも早く進み、円安が進んできたという日本の文脈では、ヒトのスキルを破壊するイノベーションの負の側面は、不幸中の幸いなことに、それほど強く出ないとも言えます。スキルが破壊されたとしても、基本的に人手不足が進行していますから、就業機会は存在しています。

もちろん、自分がそれまで蓄積してきたスキルが陳腐化した場合には、異なるスキルを身につけなければ、以前のような高賃金は期待できないかもしれません。それでも、次の就業機会が見つからないということは避けられるでしょう。

しかし、これには一つ大きな条件があります。人口減少により需要が小さくなってしまっては、就業機会も小さくなるのです。消費性向の高い若い人たちが減っていくと、国内需要は当然減ってきます。そのままでは、国内の就業機会も小さくなります。これでは、破壊されるショックが大きくなってしまいます。

そのため、輸出は極めて大切です。世界の工場となった産業革命期のイギリスのように、労働力を節約するイノベーションによって生産した安くて質の良い製品を輸出することが極めて重要です。労働力を節約するイノベーションそれ自体の輸出もあるでしょう。少子化が進んでいるのは日本だけではありません。少子高齢化で世界をリードするためには、ここが大切なポイントであり、破壊される痛みを小さくできるかの分水嶺でもあります。

【第７章　まとめ】

イノベーションによって破壊されるリスクをどのように共有できるかを考えてきました。まず、政府の再分配について見てきました。ただ、政府による再分配は大切なのですが、政府の財源にも限りがあります。平均寿命が延び、社会保障や医療費は増えます。だからこそ、政治家は国民に自律を説き、再分配を条件つきにしていったのです。

このイノベーションの破壊リスクを個人に負わせすぎない仕組みづくりは、イノベーションを生み出すための仕組みづくりとセットで考えていくべきものです。ポイントは両方とも同じ、分散投資です。

よほど大きな資産を持っている人でないかぎりは、所得の源泉は自分の人的資本です。どのようなスキルを身につけているのか、どのような仕事をしているのかで所得は大きく変わります。私たちの時間は有限ですし、私たちのカラダは一つです。これがスキルやキャリアをかたちづくる上での分散投資を難しくします。一人で分散投資を行うことには限界があるからこそ、人と人とが支えあう単位を広げていく必要があるのです。

教育投資も重要です。優れた教育への安価なアクセスは、イノベーションへの抵抗と格差拡大を小さくします。教育は政府による非金銭的な再分配の中でも重要性が高いものです。イノベーションに対する投資よりも早いペースで教育投資をしていく必要があります。

また、労働力人口が減っていく日本のことを考えるならば、労働節約的なイノベーションを進めるのは大きなチャンスだという点も考えてきました。それを世界に輸出していくことは、日本企業の大きな活路になるはずです。ただ、これはあくまでも日本（特に日本企業）のことだけを考えればのことです。より重要なのは、イノベーションに伴う二つのリスク、創造する人が対峙《たいじ》するチャレンジのリスクと、破壊される人が直面するスキル陳腐化のリスク、これらをシェアする仕組みの拡大です。

おわりに

「イノベーションって、幸せにつながるのですか?」という、ある学生からの質問が本書を考えるきっかけでした。学生は適当に質問したわけではありません。授業とゼミでイノベーションを勉強し、その後に出た素朴な疑問です。

この質問への教科書的な答えはあります。「イノベーションと幸せは、関係がありません」というものです。イノベーションは、今では多義的に使われる言葉ですが、もともとは経済学の用語です。イノベーションと幸せは、それぞれに独立した概念で、二つは関係がない、が答えになります。その時は質問にこう答えたものの、どうもしっくりきません。

質問の背景には、一般的にイノベーションが「善きもの」と考えられていることがあるのだと思います。実際、私たちの生活は、イノベーションによってもたらされた新たなモノゴトのおかげで、便利に改善されてきました。例えば、整えられた上下水道、電車や自動車、冷蔵庫やエアコン、あるいは電子レンジやレントゲンやインターネットなど、その成果を数え上げたらきりがありません。これらのない生活に戻れるでしょうか。もちろん、難しいでしょう。

そしてイノベーションは、経済的な価値を生み出し、経済成長をもたらします。この点でも追求すべき「善きもの」と言えそうです（確かに、そもそも経済成長が必要かどうかについて、議論があるかもしれません。ただし、ある程度の経済成長がなければ、社会問題の解決や福祉の向上などが難しくなります）。

これらの経済的な価値を生み出す新しいモノゴトは、イノベーション＝創造的破壊の、創造の恩恵です。

一方で、イノベーションには破壊の側面があることを見てきました。モノゴトの良い面を見ることは大切ですが、これだけやっておけば万事ＯＫというものはありません。資源が有限であれば、どこかにトレードオフがあるのです。

最初の問いに戻りましょう。

何を幸せと感じるかは、人それぞれです。ただし、私たちは幸せを感じた時、これがずっと続けば良いと「安定」を望むものです。一方でイノベーションは、今よりも状況をさらに良くしようと将来の「希望」として生み出されます。ここに、トレードオフがあります。

つまり、イノベーションは、創造的破壊という対義的な言葉の組み合わせの通り、現状からの変革を伴い、そのために人の安定、幸せの基盤を脅かします。イノベーションには、幸せと希望のトレードオフが内在されている、ここが重要なポイントです。

人は、イノベーションによって幸せの基盤が壊されると感じると、その変革に抵抗します。抵抗が強くなると、変革は起こらず、最後には希望も潰えてしまいます。希望と幸せの間にある摩擦を減らすために大切なものが、本書で考えてきた二つの「リスク・シェア」です。

一つ目の、イノベーションを生み出す際に失敗するリスク。これについては以前から様々な仕組みが考えられ、そのリスクは広範にシェアされるようになってきました。

しかし二つ目のリスク、イノベーションによって破壊されるリスクもあります。この破壊リスクは、今までの社会では自己責任とされ、個人にリスクが負わされてきました。しかし、このリスクを個人に押しつけてしまうと、イノベーションへの抵抗が強くなったり、格差が拡大したりします。

本書で検討してきたように、イノベーションへの抵抗を弱め、格差を小さくするためには、教育への投資が大切です。人のスキルを破壊するイノベーションへの投資よりも先に、教育投資がなされ、イノベーションと補完的なスキルをもつ人材の供給を高める必要があります。また、社会の基礎的な能力を向上させるためにも、質の高いリスキリングに安価にアクセスできることも必須です。

そしてもう一つ、本書で検討してきたことは再配分の重要性です。

第3章で皆さんもご存じの、アリとキリギリスの寓話を紹介しました。キリギリスは夏を謳歌して食べ物の備蓄などせず、バイオリンを弾いて過ごします。アリはキリギリスにバカにされてもせっせと働き、冬に備えて食べ物を蓄えます。そして厳しい冬がやってきます。キリギリスは食べ物を蓄えておかなかったので、苦しい状況に追い込まれます。しかしアリは食べ物を分け与え、キリギリスを助けます。

この寓話には、異なるエンディングもあります。それは次のようなものです。厳しい冬になり、食べ物を求めてやってきたキリギリスに、アリは「あなたは夏に何をしていたの?」と尋ねます。「バイオリンを弾いていた」と答えるキリギリスを、アリは「それじゃあ、冬には踊ればよいじゃない」と見捨てるのです。

この二つのエンディングについて、前者は包摂的な社会、後者は自己責任の世界と言えるでしょう。皆さんはどちらの社会に住みたいでしょうか。これは好みの問題ですから、意見が分かれるかもしれません。

しかし、後者はなかなかに大変な世界です。特にイノベーションが社会的に促進されると、次々とスキルを陳腐化させるイノベーションが出てきます。自分では考えてもいない変化があるのかもしれません。その全てに自己責任で対応するのは大変です。

もし、皆さんが前者の包摂的な社会を望むのであれば、時には自分の取り分が少なくなったとしても、手を差し伸べることが大切になってくるでしょう。相手が、家族やパートナー、友人、共感できる人であれば、手を差し伸べることは簡単です。一方で、社会にはいろいろな人がいます。自分がよく知らない人、あるいは意見の相違がある人、共感できない人に手を差し伸べることは簡単ではありません。

企業の場合には、利潤の最大化のため、生産性の高い領域に経営資源をシフトします。優秀な人材を選抜的に雇用し、より有望なビジネスを開拓していきます。しかし、国はそうはいきません。姥捨て山のように、生産性の低い人をクビにして、社会から放り出すことはできないのです。全ての人が、社会を構成する一員なのです。

また、第2章でも見たように、才能があったとしても、それが開花しやすいかどうかは、子どもの時に育った家庭環境や性別、人種などの条件が大きく影響します。つまり、もし自分が上手くいっている側にいたとしても、それはたまたま偶然に授かったものなのです。この点をよく理解していれば、自分の感情面とは切り離して、たまたま才能を開花しにくい境遇にいる人にも手を差し伸べられるはずです。

リスクのシェアの仕方は本書が考えてきたもの以外にも、いろいろあるはずです。本書がその議論のきっかけになれば幸いです。

最後に、本書では正面からは取り上げられなかったけれど、とても大切だと思う点を記しておきたいと思います。

本書ではイノベーションの創造の側面を大きくし、破壊される痛みを小さくするために、リスク・シェアが大切だと議論してきました。その仕組みがあるからこそ、人々は安心してリスクを取れるようになりますし、人々の幸せの基盤も安定します。ただ、リスク・シェアの仕組みだけでは十分ではありません。仕組みづくりは、どうしても後手になりますし、すべてをカバーできるわけではありません。そこからこぼれ落ちてしまうものがあります。

それをカバーできるのは何か。人と人との助け合いです。確かに、善意に依存する仕組みは脆くもあります。しかし、どうしても仕組みからこぼれ落ちてしまう人を助ける、利他的に行動する。最初の一歩は、わたしたちの思いやりにあるはずです。

謝辞

　最後に、お世話になった方々へのお礼を述べさせていただきたいと思います。中公新書の工藤尚彦さんからのお声がけがなければ、本書はできませんでした。これまで考えてきたことを問う良い機会を頂きました。ありがとうございます。

「おわりに」でも書いたように、本書は学部生から投げかけられた素朴な問いから始まっています。新しい問いを投げかけてくれる優秀で知的好奇心に富む、若い人たちに恵まれています。いつも、ありがとうございます。あなたたちがつくる未来に大きな期待をしています。

　研究仲間たちにも大きな感謝を述べたいと思います。ロンドン・スクール・オブ・エコノミックスのジャネット・ハンター教授、ハーバード大学のトム・ニコラス教授、サンターナ・スクール・オブ・アドバンス・スタディのアレサンドロ・ヌボラッリ教授との共同研究を通じた議論は、本書の重要な基礎でした。一橋大学名誉教授の米倉誠一郎先生は、異なるテーマを持っていた大学院生だった私を、イノベーション研究に強く誘ってくれました。ありがとうございます。前職の一橋大学イノベーション研究センターの先生方との議論も私の研究スタイルにとって大きな財産になっています。早稲田大学には毎週世界中から研究者が訪れ最先端の議論をするセミナーが多くあります。若い優秀な研究者も多く、いつも研究面での刺激に溢れています。それぞれのお名前を挙げることは紙幅の関係でできませんが、学内外で切磋琢磨する仲間に恵まれています。大学の事務の方々、秘書の遠藤幸子さんは優秀で、いつも研究者が仕事をしやすい環境をつくってくれています。ありがとうございます。

父の明と母の京子は、できの良くない私に辛抱強く恵まれた環境を与えてくれました。妻の靖子と娘の希実、キキは、バックを買ってこい、宿題を手伝って、ゲームをしろ、散歩につれていけなど、刺激的なリクエストをくれます。ありがとうございます。

本書はこれまでのイノベーションについての研究の蓄積に支えられています。この先人たちが積み上げた基盤があるからこそ、巨人の肩にのって見渡すことができます。ただ、本書にある不備は全て私の責任です。

2024年11月

清水洋

Piketty, T., & Goldhammer, A. 2014. *Capital in the Twenty-First Century*. The Belknap Press of Harvard University Press.（『21世紀の資本』山形浩生 . 守岡桜 . 森本正史訳 , みすず書房 ,2014年）

Porter, M. E. 1980. *Competitive Strategy: Techniques for Analyzing Industries and Competitors*. Free Press.（『競争の戦略』土岐坤 , 中辻萬治 , 服部照夫訳 , ダイヤモンド社 ,1993年）

Putnam, R. D. 2000. *Bowling Alone : the Collapse and Revival of American Community*. Simon & Schuster.（『孤独なボウリング：米国コミュニティの崩壊と再生』柴内康文訳，柏書房，2006年）

Saez, E., & Zucman, G. 2022. Top wealth in America: A Reexamination. *NBER Working Paper*, 30396.

Strully, K. W. 2009. Job Loss and Health in the U.S. Labor Market. *Demography*, 46（2）: 221-246.

Syed, M. 2015. *Black Box Thinking : the Surprising Truth about Success : and Why Some People Never Learn from their Mistakes*: John Murray.（『失敗の科学：失敗から学習する組織 , 学習できない組織』有枝春訳 , ディスカヴァートゥエンティワン ,2016年）

Tella, R. D., MacCulloch, R. J., & Oswald, A. J. 2003. The Macroeconomics of Happiness. *Review of Economics and Statistics*, 85（4）: 809-827.

Tushman, M., & Anderson, P. 1986. Technological Discontinuities and Organizational Environments. *Administrative Science Quarterly*, 31（3）: 439-465.

Wadhwa, V., Holly, K., Aggarwal, R., & Salkever, A. 2009. Anatomy of an Entrepreneur: Family Background and Motivation. *Kauffman Foundation Small Research Projects Research*.

Wadhwa, V., Saxenian, A., Rissing, B. A., & Gereffi, G. 2007. America's New Immigrant Entrepreneurs: Part I. *Duke Science, Technology & Innovation Paper*（23）.

Wai, J. 2014. Experts Are Born, then Made: Combining Prospective and Retrospective Longitudinal Data Shows that Cognitive Ability Matters. *Intelligence*, 45: 74-80.

White, L. A., Carneiro, R. L., Urish, B., & Brown, B. J. 2008. *Modern Capitalist Culture*: Left Coast Press.

スズキトモ . 2022.『「新しい資本主義」のアカウンティング：「利益」に囚われた成熟経済社会のアポリア』: 中央経済社 .

清水洋 . 2019.『野生化するイノベーション：日本経済「失われた20年」を超える』: 新潮社 .

清水洋 . 2022a.『アントレプレナーシップ』: 有斐閣 .

清水洋 . 2022b.『イノベーション』: 有斐閣 .

Inequality?: the Earned Income Tax Credit and the Distribution of Income. *Journal of Human Resources*, 53（4）: 859-890.

Humphries, J. 2013. The Lure of Aggregates and the Pitfalls of the Patriarchal Perspective: a Critique of the High Wage Economy Interpretation of the British Industrial Revolution. *The Economic History Review*, 66（3）: 693-714.

Jacobson, L. S., LaLonde, R. J., & Sullivan, D. G. 1993. Earnings Losses of Displaced Workers. *The American Economic Review*: 685-709.

Jones, O. 2011. *Chavs : the Demonization of the Working Class*: Verso.（『チャヴ：弱者を敵視する社会』依田卓巳訳 , 海と月社 ,2017）

Kell, H. J., Lubinski, D., Benbow, C. P., & Steiger, J. H. 2013. Creativity and Technical Innovation: Spatial Ability's Unique Role. *Psychological Science*, 24（9）: 1831-1836.

Kleven, H., Landais, C., Posch, J., Steinhauer, A., & Zweimüller, J. 2019. *Child Penalties across Countries: Evidence and Explanations*. *NBER Working Paper*, 25524.

Larrimore, J., Burkhauser, R. V., Auten, G., & Armour, P. 2021. Recent Trends in US Income Distributions in Tax Record Data Using More Comprehensive Measures of Income Including Real Accrued Capital Gains. *Journal of Political Economy*, 129（5）: 1319-1360.

Lichter, D. T., & Crowley, M. L. 2002. Poverty in America: Beyond Welfare Reform. *Population Bulletin*, 52（2）: 1-36.

MacLeod, C. 1988. *Inventing the Industrial Revolution : the English Patent System, 1660-1800*. Cambridge: CUP.

Manchester, C. F., Benson, A., & Shaver, J. M. 2023. Dual Careers and the Willingness to Consider Employment in Startup Ventures. *Strategic Management Journal*, 44（9）: 2175-2194.

Manuelli, R. E., & Seshadri, A. 2014. Frictionless Technology Diffusion: the Case of tractors. *The American Economic Review*, 104（4）: 1368-1391.

McCrae, R. R. 1987. Creativity, Divergent Thinking, and Openness to Experience. *Journal of Personality and Social Psychology*, 52（6）: 1258-1265.

Mounk, Y. 2017. *The Age of Responsibility : Luck, Choice, and the Welfare State*: Harvard University Press.（『自己責任の時代：その先に構想する , 支えあう福祉国家』那須耕介 . 栗村亜寿香訳 , みすず書房 ,2019 年）

Nardinelli, C. 1986. Technology and Unemployment: the Case of the Handloom Weavers. *Southern Economic Journal*, 53（1）: 87-94.

Neumark, D., & Wascher, W. 2001. Using the EITC to Help Poor Families: New Evidence and a Comparison with the Minimum Wage. *National Tax Journal*, 54（2）: 281-317.

Ogilvie, S. 2019. *The European Guilds: an Economic Analysis*, Princeton University Press.

Parente, S. L., & Prescott, E. C. 2000. *Barriers to Riches*. MIT Press.

Commercial and Technological Turbulence. *Business History Review*, 67（4）: 531-588.

Crafts, N. 2005. The First Industrial Revolution: Resolving the Slow Growth/ Rapid Industrialization Paradox. *Journal of the European Economic Association*, 3（2/3）: 525-534.

Deaton, A. S., & Paxson, C. H. 1998. Aging and Inequality in Income and Health. *The American Economic Review*, 88（2）: 248-253.

Deci, E. L., Koestner, R., & Ryan, R. M. 1999. A Meta-Analytic Review of Experiments Examining the Effects of Extrinsic Rewards on Intrinsic Motivation. *Psychological Bulletin*, 125（6）: 627-668.

Dellis, K., & Sondermann, D. 2017. Lobbying in Europe: New Firm-Level Evidence. *Working Paper Series ECB Working Paper European Central Bank*（2071）.

Dooley, D., Catalano, R., & Wilson, G. 1994. Depression and Unemployment: Panel Findings from the Epidemiologic Catchment Area Study. *American Journal of Community Psychology*, 22（6）: 745-765.

Dweck, C. S. 2008. *Mindset: The New Psychology of Success*: Random House Digital, Inc.（『マインドセット：「やればできる！」の研究』今西康子訳，草思社，2016）

Feist, G. J. 1998. A Meta-Analysis of Personality in Scientific and Artistic Creativity. *Personality and Social Psychology Review*, 2（4）: 290-309.

Frey, C. B. 2019. *The Technology Trap: Capital, Labor, and Power in the Age of Automation*: Princeton University Press.（『テクノロジーの世界経済史：ビル・ゲイツのパラドックス』村井章子．大野一訳，日経 BP,2020）

Frey, C. B., & Osborne, M. A. 2017. The Future of Employment: How Susceptible are Jobs to Computerisation? *Technological Forecasting and Social Change*, 114: 254-280.

Gallo, W. T., Bradley, E. H., Siegel, M., & Kasl, S. V. 2000. Health Effects of Involuntary Job Loss among Older Workers: Findings from the Health and Retirement Survey. *The Journals of Gerontology Series B: Psychological Sciences and Social Sciences*, 55（3）: S131-S140.

Garcia-Macia, D., Hsieh, C.-T., & Klenow, P. J. 2019. How Destructive Is Innovation? *Econometrica*, 87（5）: 1507-1541.

Goldin, C. D., & Katz, L. F. 2008. *The Race between Education and Technology*. Belknap Press of Harvard University Press.

Hall, P. A., & Soskice, D. W. 2001. *Varieties of Capitalism: the Institutional Foundations of Comparative Advantage*. Oxford University Press.

Henderson, R. M., & Clark, K. B. 1990. Architectural Innovation: The Reconfiguration of Existing Product Technologies and the Failure of Established Firms. *Administrative Science Quarterly*, 35（1）: 9-30.

Hoynes, H. W., & Patel, A. J. 2018. Effective Policy for Reducing Poverty and

Auten, G., Splinter, D., In Furchtgott-Roth, D. 2020. Top Income Shares and the Difficulties of Using Tax Data. *United States Income, Wealth, Consumption, and Inequality*: 125-152.

Autor, D., Dorn, D., & Hanson, G. 2019. When Work Disappears: Manufacturing Decline and the Falling Marriage Market Value of Young Men. *The American Economic Review: Insights*, 1（2）: 161-178.

Autor, D., Dorn, D., Hanson, G. H., Pisano, G., & Shu, P. 2020. Foreign Competition and Domestic Innovation: Evidence from US patents. *The American Economic Review: Insights*, 2（3）: 357-374.

Autor, D., & Salomons, A. 2018. Is Automation Labor-Displacing? Productivity Growth, Employment, and the Labor Share: *NBER Working Paper*, 24871.

Autor, D. H., & Dorn, D. 2013. The Growth of Low-Skill Service Jobs and the Polarization of the US Labor Market. *The American Economic Review*, 103（5）: 1553-1597.

Autor, D. H., Dorn, D., & Hanson, G. H. 2013. The China Syndrome: Local Labor Market Effects of Import Competition in the United States. *The American Economic Review*, 103（6）: 2121-2168.

Autor, D. H., Dorn, D., & Hanson, G. H. 2016. The China Shock: Learning from Labor-Market Adjustment to Large Changes in Trade. *Annual Review of Economics*, 8: 205-240.

Banerjee, A. V., Hanna, R., Kreindler, G. E., & Olken, B. A. 2017. Debunking the Stereotype of the Lazy Welfare Recipient: Evidence from Cash Transfer Programs. *The World Bank Research Observer*, 32（2）: 155-184.

Batey, M., & Furnham, A. 2006. Creativity, Intelligence, and Personality: A Critical Review of the Scattered Literature. *Genetic, Social, and General Psychology Monographs*, 132（4）: 355-429.

Bor, J., Cohen, G. H., & Galea, S. 2017. Population Health in an Era of Rising Income Inequality: USA, 1980–2015. *The Lancet*, 389（10077）: 1475-1490.

Buenstorf, G., Nielsen, K., & Timmermans, B. 2017. Steve Jobs or No Jobs? Entrepreneurial Activity and Performance among Danish College Dropouts and Graduates. *Small Business Economics*, 48（1）: 179-197.

Case, A., & Deaton, A. 2020. *Deaths of Despair and the Future of Capitalism*: Princeton University Press.（『絶望死のアメリカ：資本主義がめざすべきもの』松本裕訳 , みすず書房 ,2021）

Catalano, R., Dooley, D., Wilson, G., & Hough, R. 1993. Job Loss and Alcohol Abuse: a Test using Data from the Epidemiologic Catchment Area Project. *Journal of Health and Social Behavior*, 34（3）: 215-225.

Chetty, R., Hendren, N., Kline, P., & Saez, E. 2014. Where Is the Land of Opportunity? the Geography of Intergenerational Mobility in the United States. *The Quarterly Journal of Economics*, 129（4）: 1553-1623.

Christensen, C. M. 1993. The Rigid Disk Drive Industry, 1956-90: A History of

参考文献

Acemoglu, D., & Autor, D. 2010. Skills, Tasks and Technologies: Implications for Employment and Earnings. *NBER Working Paper*, 16082.

Acemoglu, D, & Johnson, S.. 2023. *Power and Progress: Our Thousand-Year Struggle over Technology and Prosperity*: Hachette UK.（『技術革新と不平等の1000年史（上下）』鬼澤忍．塩原通緒訳，早川書房，2023年）

Acemoglu, D., & Restrepo, P. 2020. Robots and Jobs: Evidence from US Labor Markets. *Journal of Political Economy*, 128（6）: 2188-2244.

Acemoglu, D., & Robinson, J. A. 2013. *Why Nations Fail : the Origins of Power, Prosperity, and Poverty*: Profile books.（『国家はなぜ衰退するのか：権力．繁栄．貧困の起源（上下）』鬼澤忍訳，早川書房，2016年）

Aghion, P., Antonin, C., & Bunel, S. 2019. Artificial Intelligence, Growth and Employment: the Role of Policy. *Economie et Statistique*, 510（1）: 149-164.

Akcigit, U., Baslandze, S., & Lotti, F. 2023. Connecting to Power: Political Connections, Innovation, and Firm Dynamics. *Econometrica*, 91（2）: 529-564.

Alesina, A., Stantcheva, S., & Teso, E. 2018. Intergenerational Mobility and Preferences for Redistribution. *The American Economic Review*, 108（2）: 521-554.

Allen, R. C. 2009. Engels' pause: Technical Change, Capital Accumulation, and Inequality in the British Industrial Revolution. *Explorations in Economic History*, 46（4）: 418-435.

Allen, R. C. 2011. *Global Economic History : a Very Short Introduction*. Oxford University Press.（『なぜ豊かな国と貧しい国が生まれたのか』グローバル経済史研究会訳，ＮＴＴ出版，2012）

Allen, R. C. 2018. The hand-loom Weaver and the Power Loom: a Schumpeterian Perspective. *European Review of Economic History*, 22（4）: 381-402.

Anderson, S., & Platzer, M. 2006. The Impact of Immigrant Entrepreneurs and Professionals on u.s. Competitiveness. *National Foundation for American Policy. Retrieved from https://www.nfap.com/researchactivities/studies/immigrant_entreprenuers_professionals_november_2006. pdf.*

Aoki, M. 1988. *Information, Incentives, and Bargaining in the Japanese Economy*. Cambridge University Press.（『日本経済の制度分析：情報．インセンティブ．交渉ゲーム』永易浩一訳，筑摩書房，1992）

Ariga, K., Brunello, G., & Ohkusa, Y. 2000. *Internal Labor Markets in Japan*. Cambridge University Press.

Ariga, K., Brunello, G., Ohkusa, Y., & Nishiyama, Y. 1992. Corporate Hierarchy, Promotion, and Firm Growth: Japanese Internal Labor Market in Transition. *Journal of the Japanese and International Economics*, 6（4）: 440-471.

Willingness to Consider Employment in Startup Ventures. *Strategic Management Journal*, 44（9）: 2175-2194.
71 Kleven, H., Landais, C., Posch, J., Steinhauer, A., & Zweimüller, J. 2019. *Child Penalties across Countries: Evidence and Explanations*. *NBER Working Paper*, 25524.
72 Goldin, C. D., & Katz, L. F. 2008. *The Race between Education and Technology*. Belknap Press of Harvard University Press.
73 Autor, D., & Salomons, A. 2018. Is Automation Labor-Displacing? Productivity Growth, Employment, and the Labor Share: *NBER Working Paper*, 24871.
74 スズキトモ . 2022.『「新しい資本主義」のアカウンティング :「利益」に囚われた成熟経済社会のアポリア』: 中央経済社 .
75 Acemoglu, D. & Johnson, S., 2023. *Power and Progress: Our Thousand-Year Struggle over Technology and Prosperity*: Hachette UK.
76 令和二年度版『厚生労働白書』

American Economic Review, 103 (6): 2121-2168, Autor, D. H., Dorn, D., & Hanson, G. H. 2016. The China Shock: Learning from Labor-Market Adjustment to Large Changes in Trade. *Annual Review of Economics*, 8: 205-240.

56 Autor, D., Dorn, D., & Hanson, G. 2019. When Work Disappears: Manufacturing Decline and the Falling Marriage Market Value of Young Men. *The American Economic Review: Insights*, 1 (2): 161-178.

57 Bor, J., Cohen, G. H., & Galea, S. 2017. Population Health in an Era of Rising Income Inequality: USA, 1980–2015. *The Lancet*, 389 (10077): 1475-1490.

58 Chetty, R., Hendren, N., Kline, P., & Saez, E. 2014. Where Is the Land of Opportunity? The geography of intergenerational mobility in the United States. *The Quarterly Journal of Economics*, 129 (4): 1553-1623.

59 Alesina, A., Stantcheva, S., & Teso, E. 2018. Intergenerational Mobility and Preferences for Redistribution. *The American Economic Review*, 108 (2): 521-554.

60 Lichter, D. T., & Crowley, M. L. 2002. Poverty in America: Beyond Welfare Reform. *Population Bulletin*, 57 (2): 3-36.

61 このプロセスは、Jones, O. 2011. *Chavs : the Demonization of the Working Class*: Verso. が詳しい。

62 Mounk, Y. 2017. *The Age of Responsibility : Luck, Choice, and the Welfare State*: Harvard University Press.

63 Jacobson, L. S., LaLonde, R. J., & Sullivan, D. G. 1993. Earnings Losses of Displaced Workers. *The American Economic Review*, 83 (4): 685-709.

64 Tella, R. D., MacCulloch, R. J., & Oswald, A. J. 2003. The Macroeconomics of Happiness. *Review of Economics and Statistics*, 85 (4): 809-827.

65 Banerjee, A. V., Hanna, R., Kreindler, G. E., & Olken, B. A. 2017. Debunking the Stereotype of the Lazy Welfare Recipient: Evidence from Cash Transfer Programs. *The World Bank Research Observer*, 32 (2): 155-184.

66 Neumark, D., & Wascher, W. 2001. Using the EITC to Help Poor Families: New Evidence and a Comparison with the Minimum Wage. *National Tax Journal*, 54 (2): 281-318.

67 Hoynes, H. W., & Patel, A. J. 2018. Effective Policy for Reducing Poverty and Inequality?: the Earned Income Tax Credit and the Distribution of Income. *Journal of Human Resources*, 53 (4): 859-890.

68 Wadhwa, V., Holly, K., Aggarwal, R., & Salkever, A. 2009. Anatomy of an Entrepreneur: Family Background and Motivation. *Kauffman Foundation Small Research Projects Research*.

69 Buenstorf, G., Nielsen, K., & Timmermans, B. 2017. Steve Jobs or No Jobs? Entrepreneurial Activity and Performance among Danish College Dropouts and Graduates. *Small Business Economics*, 48 (1): 179-197.

70 Manchester, C. F., Benson, A., & Shaver, J. M. 2023. Dual Careers and the

41 White, L. A., Carneiro, R. L., Urish, B., & Brown, B. J. 2008. *Modern Capitalist Culture*: Left Coast Press.
42 Frey, C. B. 2019. *The Technology Trap: Capital, Labor, and Power in the Age of Automation*: Princeton University Press.
43 Acemoglu, D., & Robinson, J. A. 2013. *Why Nations Fail : the Origins of Power, Prosperity, and Poverty*: Profile books.
44 Dellis, K., & Sondermann, D. 2017. Lobbying in Europe: New Firm-Level Evidence. *Working Paper Series, European Central Bank*（2071）.
45 Akcigit, U., Baslandze, S., & Lotti, F. 2023. Connecting to Power: Political Connections, Innovation, and Firm Dynamics. *Econometrica*, 91（2）: 529-564.
46 住友銀行行史編纂委員会 編『住友銀行史：昭和五十年代のあゆみ』（住友銀行、1985年）288頁
47 Aoki, M. 1988. *Information, Incentives, and Bargaining in the Japanese Economy*. Cambridge University Press, Ariga, K., Brunello, G., & Ohkusa, Y. 2000. *Internal Labor Markets in Japan*. Cambridge University Press, Ariga, K., Brunello, G., Ohkusa, Y., & Nishiyama, Y. 1992. Corporate Hierarchy, Promotion, and Firm Growth: Japanese Internal Labor Market in Transition. *Journal of Japanese and International Economics*, 6（4）: 440-471.
48 Hall, P. A., & Soskice, D. W. 2001. *Varieties of Capitalism: the Institutional Foundations of Comparative Advantage*. Oxford University Press.
49 Hall, P. A., & Soskice, D. W. 2001. *Varieties of Capitalism: the Institutional Foundations of Comparative Advantage*. Oxford University Press.
50 Piketty, T., & Goldhammer, A. 2014. *Capital in the Twenty-First Century*. The Belknap Press of Harvard University Press.
51 Auten, G., Splinter, D., In Furchtgott-Roth, D. 2020. Top Income Shares and the Difficulties of Using Tax Data. *United States Income, Wealth, Consumption, and Inequality*: 125-152, Larrimore, J., Burkhauser, R. V., Auten, G., & Armour, P. 2021. Recent Trends in US Income Distributions in Tax Record Data Using More Comprehensive Measures of Income Including Real Accrued Capital Gains. *Journal of Political Economy*, 129（5）: 1319-1360.
52 例えば、Bor, J., Cohen, G. H., & Galea, S. 2017. Population Health in an Era of Rising Income Inequality: USA, 1980–2015. *The Lancet*, 389（10077）: 1475-1490, Saez, E., & Zucman, G. 2022. Top Wealth in America: A Reexamination: *NBER Working Paper*, 30396.
53 Acemoglu, D., & Autor, D. 2010. Skills, Tasks and Technologies: Implications for Employment and Earnings. *NBER Working Paper*, 16082.
54 Case, A., & Deaton, A. 2020. *Deaths of Despair and the Future of Capitalism*: Princeton University Press.
55 Autor, D. H., Dorn, D., & Hanson, G. H. 2013. The China Syndrome: Local Labor Market Effects of Import Competition in the United States. *The*

Perspective: a Critique of the High Wage Economy Interpretation of the British Industrial Revolution. *The Economic History Review*, 66 (3): 693-714.
27 Allen, R. C. 2018. The Hand-Loom Weaver and the Power Loom: a Schumpeterian Perspective. *European Review of Economic History*, 22 (4): 381-402.
28 Nardinelli, C. 1986. Technology and Unemployment: the Case of the Handloom Weavers. *Southern Economic Journal*, 53 (1): 87-94.
29 Allen, R. C. 2009. Engels' Pause: Technical Change, Capital Accumulation, and Inequality in the British Industrial Revolution. *Explorations in Economic History*, 46 (4): 418-435.
30 Acemoglu, D., & Restrepo, P. 2020. Robots and Jobs: Evidence from US Labor Markets. *Journal of Political Economy*, 128 (6): 2188-2244.
31 Aghion, P., Antonin, C., & Bunel, S. 2019. Artificial Intelligence, Growth and Employment: the Role of Policy. *Economie et Statistique*, 510 (1): 149-164.
32 例えば、Deaton, A. S., & Paxson, C. H. 1998. Aging and Inequality in Income and Health. *The American Economic Review*, 88 (2): 248-253.
33 例えば、Catalano, R., Dooley, D., Wilson, G., & Hough, R. 1993. Job Loss and Alcohol Abuse: a Test Using Data from the Epidemiologic Catchment Area Project. *Journal of Health and Social Behavior*: 215-225, Dooley, D., Catalano, R., & Wilson, G. 1994. Depression and Unemployment: Panel Findings from the Epidemiologic Catchment Area Study. *American Journal of Community Psychology*, 22 (6): 745-765, Gallo, W. T., Bradley, E. H., Siegel, M., & Kasl, S. V. 2000. Health Effects of Involuntary Job Loss among Older Workers: Findings from the Health and Retirement Survey. *The Journals of Gerontology Series B: Psychological Sciences and Social Sciences*, 55 (3): S131-S140.
34 Arnetz, B.B., Brenner, S-O., Levi L., Hjelm, R., Petterson, I-L., Wasserman, J., Petrini,B., et al. 2010. Neuroendocrine and Immunologic Effects of Unemployment and Job Insecurity. Psychotherapy and Psychosomatics, 55 (2-4):76-80.
35 Strully, K. W. 2009. Job Loss and Health in the U.S. Labor Market. *Demography*, 46 (2): 221-246.
36 Putnam, R. D. 2000. *Bowling Alone : the Collapse and Revival of American Community*. Simon & Schuster.
37 Manuelli, R. E., & Seshadri, A. 2014. Frictionless Technology Diffusion: The Case of Tractors. *The American Economic Review*, 104 (4): 1368-1391.
38 Parente, S. L., & Prescott, E. C. 2000. *Barriers to Riches*. MIT Press.
39「未明の強硬搬入、新宿局の区分機、機動隊出動9人を逮捕」『読売新聞』1969年6月28日（夕刊）
40 Ogilvie, S. 2019. *The European Guilds: an Economic Analysis*, Princeton University Press.

13 文化的な価値や規範を厳密に定義し、測定するのは難しいため、エスニック・グループもどこからどこまでが同一のグループなのかを厳密に定義することもなかなか難しいという点には注意が必要です。
14 Batey, M., & Furnham, A. 2006. Creativity, Intelligence, and Personality: A Critical Review of the Scattered Literature. *Genetic, Social, and General Psychology Monographs*, 132（4）: 355-429.
15 Tushman, M., & Anderson, P. 1986. Technological Discontinuities and Organizational Environments. *Administrative Science Quarterly*, 31（3）: 439-465.
16 能力破壊型のものが新規参入企業から生み出されている傾向が統計的に有意に見られたのは、1965年の最初のICミニコンピューターであるPDP-8のケースだけだったことには注意が必要です。
17 例えば、Christensen, C. M. 1993. The Rigid Disk Drive Industry, 1956-90: A History of Commercial and Technological Turbulence. *Business History Review*, 67（Winter）: 531-588, Henderson, R. M., & Clark, K. B. 1990. Architectural Innovation: The Reconfiguration of Existing Product Technologies and the Failure of Established Firms. *Administrative Science Quarterly*, 35（1）: 9-30などが代表的なものです。
18 Garcia-Macia, D., Hsieh, C.-T., & Klenow, P. J. 2019. How Destructive Is Innovation? *Econometrica*, 87（5）: 1507-1541.
19 MacLeod, C. 1988. *Inventing the Industrial Revolution : the English Patent System, 1660-1800*. Cambridge University Press.170ページのTable 9.2を参照。
20 Porter, M. E. 1980. *Competitive Strategy: Techniques for Analyzing Industries and Competitors*. Free Press.
21 Autor, D. H., Dorn, D., & Hanson, G. H. 2013. The China Syndrome: Local Labor Market Effects of Import Competition in the United States. *The American Economic Review*, 103（6）: 2121-2168.
22 Autor, D., Dorn, D., Hanson, G. H., Pisano, G., & Shu, P. 2020. Foreign competition and domestic innovation: Evidence from US patents. *The American Economic Review: Insights*, 2（3）: 357-374.
23 Autor, D. H., & Dorn, D. 2013. The Growth of Low-Skill Service Jobs and the Polarization of the US Labor Market. *The American Economic Review*, 103（5）: 1553-1597.
24 Frey, C. B., & Osborne, M. A. 2017. The Future of Employment: How Susceptible Are Jobs to Computerisation? *Technological Forecasting and Social Change*, 114: 254-280.
25 Frey, C. B., & Osborne, M. A. 2017. The Future of Employment: How Susceptible Are Jobs to Computerisation? *Technological Forecasting and Social Change*, 114: 254-280.
26 Humphries, J. 2013. The Lure of Aggregates and the Pitfalls of the Patriarchal

註　記

1 イノベーションについての経験的な規則性に興味がある場合には、清水洋 . 2022a.『アントレプレナーシップ』: 有斐閣 , 清水洋 . 2022b.『イノベーション』: 有斐閣 . を参照してください。

2 この点については、Syed, M. 2015. *Black Box Thinking : the Surprising Truth about Success : and Why Some People Never Learn from Their Mistakes*: John Murray. が詳しく、かつ分かりやすく説明しています。

3 Crafts, N. 2005. The First Industrial Revolution: Resolving the Slow Growth/Rapid Industrialization Paradox. *Journal of the European Economic Association*, 3（2/3）: 525-534.

4 Wai, J. 2014. Experts Are Born, then Made: Combining Prospective and Retrospective Longitudinal Data Shows that Cognitive Ability Matters. *Intelligence*, 45: 74-80.

5 Kell, H. J., Lubinski, D., Benbow, C. P., & Steiger, J. H. 2013. Creativity and Technical Innovation: Spatial Ability's Unique Role. *Psychological science*, 24（9）: 1831-1836.

6 Dweck, C. S. 2008. *Mindset: the New Psychology of Success*: Random House Digital, Inc.

7 Feist, G. J. 1998. A Meta-Analysis of Personality in Scientific and Artistic Creativity. *Personality and Social Psychology Review*, 2（4）: 290-309.

8 McCrae, R. R. 1987. Creativity, Divergent Thinking, and Openness to Experience. *Journal of Personality and Social Psychology*, 52（6）: 1258-1265. この他には、自己受容性、敵意、衝動性といったパーソナリティが創造性と正の相関を持つという発見もされています（Feist, G. J. 1998. A Meta-Analysis of Personality in Scientific and Artistic Creativity. *Personality and Social Psychology Review*, 2（4）: 290-309.）

9 Deci, E. L., Koestner, R., & Ryan, R. M. 1999. A Meta-Analytic Review of Experiments Examining the Effects of Extrinsic Rewards on Intrinsic Motivation. *Psychological Bulletin*, 125（6）: 627.

10 アントレプレナーシップについては、清水洋 . 2022a.『アントレプレナーシップ』: 有斐閣 . を参照してください。

11 Anderson, S., & Platzer, M. 2006. The Impact of Immigrant Entrepreneurs and professionals on u.s. Competitiveness. *National Foundation for American Policy. Retrieved from https://www. nfap. com/researchactivities/studies/immigrant_entreprenuers_professionals_november_2006. pdf.*

12 Wadhwa, V., Saxenian, A., Rissing, B. A., & Gereffi, G. 2007. America's New Immigrant Entrepreneurs: Part I. *Duke Science, Technology & Innovation Paper*（23）.

清水 洋（しみず・ひろし）

1973年神奈川県生まれ．1997年中央大学商学部卒業．1999年一橋大学大学院商学研究科修士課程修了．2002年ノースウェスタン大学大学院歴史学研究科修士課程修了．2007年ロンドン・スクール・オブ・エコノミックス・アンド・ポリティカルサイエンス（Ph.D）．2008年一橋大学大学院イノベーション研究センター専任講師，准教授，教授を経て，2019年より早稲田大学商学学術院教授．

著書『ジェネラル・パーパス・テクノロジーのイノベーション』（有斐閣，2016年，第59回日経・経済図書文化賞，第33回高宮賞受賞）．『General Purpose Technology, Spin-Out, and Innovation』（Springer, 2019年，シュンペーター賞受賞），『野生化するイノベーション』（新潮選書，2019年），『アントレプレナーシップ』（有斐閣，2022年），『イノベーション』（有斐閣，2022年），『イノベーションの考え方』（日経文庫，2023年）．

イノベーションの科学《かがく》

中公新書 *2831*

2024年11月25日発行

著 者 清 水 洋

発行者 安 部 順 一

本文印刷 暁 印 刷
カバー印刷 大熊整美堂
製 本 小 泉 製 本

発行所 中央公論新社
〒100-8152
東京都千代田区大手町1-7-1
電話 販売 03-5299-1730
編集 03-5299-1830
URL https://www.chuko.co.jp/

Published by CHUOKORON-SHINSHA, INC.
Printed in Japan ISBN978-4-12-102831-0 C1234

経済・経営

- 2000 戦後世界経済史　猪木武徳
- 2185 経済学に何ができるか　猪木武徳
- 2659 経済社会の学び方　猪木武徳
- 1936 アダム・スミス　堂目卓生
- 2679 資本主義の方程式　小野善康
- 2307 ベーシック・インカム　原田　泰
- 2815 消費者と日本経済の歴史　満薗　勇
- 2786 日本の経済政策　小林慶一郎
- 2388 人口と日本経済　吉川　洋
- 2825 就職氷河期世代　近藤絢子
- 2802 日本の財政―破綻回避への5つの提言　佐藤主光
- 2338 財務省と政治　清水真人
- 2541 平成金融史　西野智彦
- 2784 財政・金融政策の転換点　飯田泰之
- 2041 行動経済学　依田高典
- 2501 現代経済学　瀧澤弘和
- 1658 戦略的思考の技術　梶井厚志
- 1824 経済学的思考のセンス　大竹文雄
- 2045 競争と公平感　大竹文雄
- 2447 競争社会の歩き方　大竹文雄
- 2724 行動経済学の処方箋　大竹文雄
- 2575 移民の経済学　友原章典
- 2473 人口減少時代の都市　諸富　徹
- 2751 入門　環境経済学（新版）　日引　聡・有村俊秀
- 2743 入門　開発経済学　山形辰史
- 2571 アジア経済とは何か　後藤健太
- 2506 中国経済講義　梶谷　懐
- 2770 インド―グローバル・サウスの超大国　近藤正規
- 2420 フィリピン―急成長する若き「大国」　井出穣治
- 290 ルワンダ中央銀行総裁日記（増補版）　服部正也
- 2612 デジタル化する新興国　伊藤亜聖
- 2831 イノベーションの科学　清水　洋